오 나의 사랑 캄보디아

조기 은퇴한 치과의사의 의료 선교 일지

조원제 지음

겨자씨서원

12세기 크메르제국의 황제 수리야바르만 2세에 의해
약 30년에 걸쳐 축조되었다.
앙코르와트는 크게 산처럼 생긴 탑들과
그들을 둘러싸고 있는 회랑으로 구성되어 있는데
이 탑들은 불교 신들의 고향인 수미산을 상징한다.

앙코르와트(Angkor Wat)

목차

캄보디아를 온 삶으로 사랑하는 사람들

조원제 선교사님과 티나 선교사님을 생각하면 '사랑'과 '열정'이 먼저 떠오릅니다. 캄보디아 사람들을 너무나도 사랑한 나머지 안락한 삶을 포기하고 캄보디아 땅으로 와서 온 몸과 맘으로 사랑한 사람, 그리고 복음의 열정을 가지고 치과 클리닉을 열고 치과 치료가 미치지 못한 오지를 찾아다니고 또 치대학생들을 교육하며 인재를 기르는 일로 전문인의 사명을 14년 동안 불태운 사람, 이 두 분을 14년 동안 나는 보아왔습니다.

두 분을 처음 뵌 것은 2004년 쯤 이었던 것 같습니다. 당시는 캄보디아의 의료 시설이 무척 열악한 상황이어서 환자들이 제대로 치료를 받을 수 없었고, 또 가난한 환자들이 치료비가 없어서 절망하고 특히 치과 치료의 혜택을 거의 누릴 수 없을 때였습니다. 두 분은 무척 세련되고 고운 분들이셨습니다. 그렇지만 낯선 땅, 기후와 음식이 너무도 다른 땅에서 사랑하고 섬기면서 살아 내셨습니다. 정말 수고 많이 하셨습니다.

2005년 프놈펜 군인병원 내에 치과 클리닉을 열어 가난한 환자를 도우셨는데 그 헌신적인 사랑과 섬김이 복음의 메시지가 되는 모습에 정말 감동했습니다. 14년 동안 한결같은 마음으로 캄보디아 땅을 섬기시고 복음으로 기경하시고 전문 영역을 통해 캄보디아 사람들의 삶의 질을 높이는 통전적 선교(Holistic Missions)를 몸소 실천하신 것에 찬사를 보냅니다.

두 분을 존경하고 기억하면서 세 가지를 떠올립니다.

첫째, 희생적인 사랑을 보여 준 분들이셨습니다. 항상 복음처럼 '하나님이 이처럼 세상을 사랑하사'라는 말씀이 기억날 만큼 하나님의 사랑으로 예수님이 십자가에서 희생하셨던 것처럼 캄보디아 사람들을 사랑으로 대하고 섬기고 치료하셨습니다. 조 선교사님이 이끄는 '오지 이동 진료 팀'이 저희 개척 교회 지역에서 진료한 적이 여러 번 있었는데, 이른 아침부터 늦은 오후 시간까지 진료하시는 모습은 너무 생생하게 기억이 납니다. 흙바닥에 진료시설을 설치하고 찜통 같은 진료 장소에서 하루 종일 환자들을 돌보는 모습은 늘 저를 깨우는 희생적 사랑의 메시지였습니다.

둘째, 다음 세대의 인재들을 양성하는 분들이셨습니다. 단순히 치과 치료만 하고 끝내는 사역이 아니라 다음 세대의 인재를 기르는 일에 처음부터 관심을 가지고 있었습니다. 치과대학생들을 장학금으로 후원하고 직접 수련의들을 훈련하고 또 그 바쁜 진료와 사역 일정에도 불구하고 열정적으로 학교에서 가르치면서 후진들을 양성하는 일에 집중하셨습니다. 전문 인재를 키워 다음 세대를 책임지게 하는 일에 집중하는 선교사였습니다.

셋째, 전문인 선교의 모델을 보여주시는 분들이셨습니다. 두 분은 선교사로서 선교사의 사역 모델을 보여주셨습니다. 특별히 전문인으로서 자기 분야의 기술만 전달하는 것이 아니라 복음의 삶을 통해서 복음의 메시지를 전달하고 전문 영역을 통해서 이론과 기술과 현장 실습, 그리고 치과 진료를 통한 섬김의 사역을 실천하는 삶을 사셨습니다. 전인적 선교의 모델을 너무나 잘 보여 주신 분들이라 생각이 듭니다.

끝으로 "Oh my love, Cambodia!" 책을 펴낸 두 분의 14년의 선교 사역을 한마디로 평가하라 한다면, 저는 감히 이렇게 말할 수 있습니다. 두 분은 선교적 삶을 통해 '그리스도가 존귀케 되는 삶'(빌 1:20)을 사셨다고 말하고 싶습니다. 두 분의 선교사의 삶을 통해 보여주신 헌신적 사랑과 열정에 다시 감사를 드립니다.

공베드로 선교사

현 OMF 한국 디렉터, 전 OMF 캄보디아 선교사

공베드로 선교사(왼쪽에서 두번째)

Dr. Frank and Tina Cho's missionary story and love for Cambodia is extraordinary and inspiring as they served the people of Cambodia after the "killing fields"genocide in the late 70's.

Dr. Frank and Tina Cho's dedication to Christian missions and the furthering of God's Kingdom through dentistry, Christian education, and Church planting has positively impacted multitudes of dental professionals, students, and patients for many years. Dr. Frank has been a member of the Christian Dental Society (CDS) since 1978 while in dental school and has served on the CDS Advisory Council since 1997. In 1993, in response to a plea from the CDS for volunteers to teach at the only Cambodian dental school, Dr. Frank and Tina had a call and a vision to become full-time, Christian dental missionaries to Cambodia. In preparation, Dr. Frank attended Fuller Seminary before departing for Cambodia in 2004 with the support of Church Resources Ministry and $15,000 from CDS. In May 2005, he opened a dental clinic in Phnom Penh to help the poor, to evangelize, and to teach dental students. He established a dental lab in 2007 and has taught at the International University Dental School since 2008. Mrs. Tina Cho worked as office manager and taught Cambodian assistants while Dr. Frank trained dental students.

Dr. Frank and Tina led approximately six, portable, short-term, dental Christian outreach mission trips each year for 11 years, treating about 900-1,500 patients on each trip. Many CDS members, to include myself and my wife, participated on Dr. Cho's trips and saw first-hand how dentistry effectively provided physical healing to open the doors to Christian hope for the oppressed. The teams utilized full-time evangelists and taught team members how to share the Gospel with small groups waiting for dental treatment. Dr.

Frank gave evangelical messages to the patients he treated.

Dr. Frank and Tina hosted Bible studies in their dental office and in their home as they mentored dental students and others, some of whom came to the Lord, were baptized, and now attend and serve in churches. Dr. Frank served as Church Elder and Tina taught children as they ministered with a local Cambodian pastor to the poor. They helped under-resourced people who lived in tarp tents in the hot sun following home evictions and their church built 150 hut houses for these families.

Dr. Frank and Tina used their skills of dentistry, teaching, evangelism, and hospitality to bring the hope of Jesus to many Cambodians in a predominantly Buddhist society. They dedicated themselves, heart and soul, to fulfilling the Great Commission, and have done so with humility and love.

Dr. Frank and Tina Cho represent incredible examples of self-sacrifices, arduous labors, and heroic efforts in using their God-given gifts to reach the spiritual and physical needs of the poor as full-time missionaries after early retirement from a private dental practice. Their contributions to Christianity, to dentistry, to missions, to their church community, and to Cambodia are unparalleled and make for inspirational reading in their book, "Oh my love, Cambodia."

Respectfully Submitted by,

Dr. Robert D. Meyer
Executive Director of the Christian Dental Society
Colonel (Retired) Robert D. Meyer, DMD, MAGD, ABGD, FADI

여기에 실린 캄보디아 선교이야기는 캄보디아에 첫발을 내딛은 2004년부터 아쉬움을 남기고 돌아온 2018년까지의 간추린 선교 사역 일지다. 나는 치과 개업의로 젊은 날 대부분의 시간을 미국에서 지냈다. 지상 최고 선진국인 미국의 혜택을 누리며 살았다고 해야겠다. 그러던 중 쉰 살에 선교에로 부름을 받았다. 나와 아내는 고심 끝에 조기 은퇴를 결심했다. 우리는 나의 조기 은퇴와 선교지의 삶을 위해 십 년간의 준비에 들어갔다. 그리고 예순에 이르렀다. 드디어 캄보디아로 떠날 시간이 온 것이다. 이 일지는 14년 간 아내와 함께 열정을 불태웠던 캄보디아에서의 삶, 캄보디아를 사랑하며 애 태운 이야기들이다. 모든 것이 낯설고 생소한 곳에서 나의 후반기 생애를 불태울 수 있었던 것은 주님께서 우리에게 베푸신 십자가의 사랑과 복음의 은총 때문이었다. "헬라인이나 야만인이나 지혜 있는 자나 어리석은 자에게 다 내가 빚진 자라"(로마서 1:14)고 고백했던 바울처럼, 우리도 도움을 필요로 하는 누군가에게 우리의 은사와 생명의 복음을 마음껏 나눌 수 있어 행복했다. 캄보디아에서의 14년은 우리에게 커다란 특권의 시간이었다.

이 기록은 보잘 것 없는 내 얘기지만 전문 의료 선교사로서 관찰하고 경험한 것들이다. 내가 이 회고록을 기록한 목적은 세 가지다. 첫째는 조기은퇴 후에 각자의 전문성에 따라 어떻게 선교와 봉사활동을 할 것인지 고민하는 분들을 위해서다. 둘째는 젊은 의료인들에게 선교의 꿈을 심어주기 위해서다. 셋째는 자비량 선교의 일환으로 어떻게 비즈니스 선교(Business as Mission)를 통해 하나님나라의 선교에 동참할 것인지를 고민하는 분들을 위해서 이 글을 썼다. 특별히 의료 선교에 관심을 갖고 준비하는 사람들에게 나의 앞선 경험이 용기와 도전이 되기를 기대한다.

먼저 내가 존경하는 김경수 장로(나성열린문 교회)께 감사드린다. "잊기 전에 기록을 남기라"는 선배의 조언이 나를 밀어 이렇게 한 권의 책이 태어나게 된 것이다. 14년 동안이나 물질과 기도로 후원해 준 성도들과 선교기관 그리고 교회들에게 감사를 드린다. 내 기억이 생생한 동안 나는 그들을 기억하며 감사할 것이다.

한결같은 자세로 아내 선교사로 동역해 준 나의 사랑, 티나에게도 감사를 전한다. 또한 짧지 않은 시간 동안 후방에서 열심히 지원해 준 넷 딸(티나, 미미, 로즈메리, 크리스틴)들의 격렬한 응원은 부족한 아빠에게 큰 힘이 되었다.

마지막으로 이 책이 출판되도록 처음부터 끝까지 도와주신 겨자씨 성경연구원 원장 김선웅 목사께 감사드린다. 모든 영광과 감사와 존귀를 삼위 하나님께 올려드린다!

2020년 4월 30일
조원제, 조영자 선교사(Dr. Frank & Tina Cho)

제1부

신대륙을 향한 꿈

"찬송하리로다
하나님 곧 우리 주 예수 그리스도의 아버지께서
그리스도 안에서 하늘에 속한
모든 신령한 복을 우리에게 주시되
곧 창세전에 그리스도 안에서 우리를 택하사
우리로 사랑 안에서 그 앞에 거룩하고 흠이 없게 하시려고
그 기쁘신 뜻대로 우리를 예정하사 예수 그리스도로 말미암아
자기의 아들들이 되게 하셨으니
이는 그가 사랑하시는 자 안에서 우리에게 거저 주시는 바,
그의 은혜의 영광을 찬송하게 하려는 것이라."
(에베소서 1장 3-6절)

1장 측량할 수 없는 경륜

할머니의 회심

청상과부였던 할머니 얘기부터 시작해보자. 어느 날 황성수 목사(국회의원)의 아버지, 조사 황보익 씨가 미국 남장로교회 보이열 선교사(미국 남장로교회 선교 본부가 순천에 있었다)를 모시고 고흥지방을 순회 방문했다. 그때 할머니는 고흥 도화면 논두렁에서 일을 하고 있었다. 그녀는 예기치 못한 선교사의 방문을 받고 하던 일을 잠시 멈추었다. 그리고 선교사님이 전하는 말씀을 황보익 씨의 통역으로 듣고 논두렁 그 자리에서 무릎을 꿇고 예수님을 구세주로 영접했다. 이날 할머니 박고읍 씨의 회심은 우리 가정에 복음의 씨앗이 되었다. 하나님은 한 사람의 회심을 통해서 한 가정에 복음의 역사를 시작하신 것이다.

얼마나 복되고 놀라운 일인가. 사도바울이 못난 자신을 이방인의 사도로 부르신 것을 깨닫고 "내 어머니의 태로부터 나를 택정하시고 그의 은혜로 나를 부르신 이가 그의 아들을 이방에 전하기 위하여 그를 내 속에 나타내시기를 기뻐하셨다"(갈 1:15-16)고 하나님의 은혜를 고백했듯이, 우리 가족의 구원과 나를 향한 하나님의 부르심은 우리 할머니의 회심으로부터 시작한 것이다. 바울처럼 나도 측량할 수 없는 하나님의 사랑과 경륜을 노래하지 않을 수 없다.

우리 할머니 박고읍 씨는 예수님을 영접하고 난 후 도화교회에서 성실하게 신앙생활을 이어갔다. 아버지의 회고에 따르면 할머니는 예수님을 구세주로 믿을 뿐 아니라 예수님에 대한 사랑과 믿음을 삶 속에서 살아내시려고 무던히 애썼던 분이라고 한다. 가족 복음화를 위해서는 큰며느리부터 그리스도인으로 맞아야한다며 할머니는 정말이지 간절히 작정하고 기도를 올렸다. 하나님은 신실하셨다! 할머니의 기도에 응답해 주신 것이다. 하나님은 믿음이 고운 우리 어머니(신봉순 씨)를 우리 집에 믿음의 선물로 보내주셨다. 언제든 하늘 아버지의 뜻대로 기도할 때 우리는 누구나 그 기도에 응답해주시는 좋으신 하나님을 경험할 수 있다.

필자의 출생과 성장

그때 불신자였던 아버지 조인홍 씨는 신자인 어머니 신봉순 씨를 아내로 맞아 6남매(3남 3녀)를 낳았다. 나는 다섯째로 1941년 12월 9일 전남 고흥군 고흥읍 옥하리에서 출생했다. 어린 시절을 나는 고흥읍 교회에서 보냈다. 그때 고흥읍 교회는 정규오 목사가 담임으로 계셨다. 훗날 정 목사는 광주 중앙교회 담임목사로 가셨고 호남의 교회들을 위해 큰일을 하셨다(예장 합동 50회 증경 총회장 역임). 그 당시 미국의 보이열 선교사는 정기적으로 고흥읍 교회를 방문하시며 우리들의 신앙생활을 지도해 주었다. 나는 미국 선교사 짤비스 박사님이 순천 매산 중고등학교 교정에서 부흥회를 인도하러 오셨던 때를 기억한다. 그날 놀랍게도 할머니가 독창을 하신 것이다. 600명도 넘는 회중 앞에서 조금도 부끄러워하지 않고 '겟세마네 동산에서'를 부르신 할머니 모습은 지금도 내 기억에 생생하다. 아마 할머니는 꽤 외향적이고 야무진 분이셨던 모양이다.

그런데 어느 날 정규오 담임목사의 권유로 정 목사님 자제 두 분과 함께 우리 남매(누나와 저)는 순천 매산중고등 학교로 유학을 하게 되었다. 순천에서 유학생활을 하는 동안에도 우리는 방학 때마다 고흥의 집에 내려왔고 그때마다 우리는 변함없이 어머니를 따라 새벽기도회에 출석했다. 어릴 적 어머니의 신실하신 기도와 그 사랑을 아직도 나는 잊지 못한다. 그 후 아버지의 사업이 잘 안되어 우리 식구는 큰형님이 직장생활을 하던 파주로 이사했고 나는 고등학교 과정을 독학으로 마쳐야했다. 그리고 서울 경희대학교 치과대학에 진학하여 치과의사 공부를 무사히 마칠 수 있었다.

청운의 꿈

나는 경희대학교 치대를 졸업하자마자 1975년 청운의 꿈을 안고 미국 캘리포니아로 이주했다(누님이 1965년 이민 가셔서 먼저 미국에 살고 계셨다. 지나고 보니 이 또한 하나님이 나를 선교사로 쓰기 위한 준비 작업이셨던 것이다. 만일 한국에서 병원을 개업하고 한국에서 살았더라면 우물 안 개구리식의 삶을 살 수 밖에 없었을 것이다).

나는 미국에 오자마자 영어 공부에 박차를 가하면서 마침내 1976년 9월, USC 치과대학 3학년에 편입(ISP-International Student Program)했다. 매년 외국 치과면허소지자 중에서 20명씩 뽑는 남가주대학(USC) 시험(ISP)에 합격했던 것이다. 1978년에 USC의 ISP 과정을 무사히 수료하고 졸업장을 받았다. 졸업 후 6개월 정도 병원에 취직해서 경험을 쌓고, 나는 1979년 1월 엘에이 근교 벨 가든(Bell Garden)이라는 작은 도시에서 치과병원을 개업하게 되었다. 나같이 부족한 사람을 미국까지 인도하셔서 USC에서 공부를 마치게 하고 미국에서 치

대가족을 이루고 있는 조원제 선교사 부부와 네 딸 가정

과병원을 개업하는 은혜를 입게 하신 것이다.

미국에서 치과병원 개업

그 사이에 나는 조영자(Tina Cho) 씨와 1972년에 결혼하여 딸 넷(카니, 미미, 로즈메리, 크리스틴)을 낳았다. 나는 도미 후 1976년부터 웨스트민스터 장로교회(고 차남진 목사 개척/ 현 오렌지힐 장로교회)에서 다시 신앙생활을 이어갔다. 1979년 4월 벨가든에 치과병원을 개업한 후 2002년 8월까지 약 23년이란 세월 동안 나는 환자를 돌보는 치과의사로서 그리고 주님을 섬기는 평신도 장로로 신앙생활을 해나갔다. 이미 이때부터 서서히 선교사로 부르시는 하나님의 계획에 붙들려가고 있었나 보다.

캄보디아 문화체험 ▶ 모계사회 전통 1

캄보디아는 오랜 모계사회의 전통을 갖고 있다. 남자가 결혼하면 처가로 가서 아내에게 상속된 토지에 농사를 짓고 살았다. 남아를 중시하는 유교사회와는 정반대다. 국민의 90퍼센트 이상이 농민이므로 모계사회 전통은 지금도 강력하다.

가정의 실권은 부인에게 있다. 장사를 해도 부인이 운영하고 남편은 보조 역할을 한다. 물론 재산은 공동 소유다. 현대 산업화에 발 맞춰 모계사회 전통이 많이 엷어지긴 했지만 지금도 결혼을 하면 신랑이 시골 처가에서 2,3개월 살다가 도시로 이주해 나온다. 처가가 도시에 있을 경우 신랑이 처가로 들어가서 사는 것이 자연스런 풍경이다. 캄보디아 사회에서 가정 내 부인의 결정권은 막강하다. 그러나 정치나 군대는 남자들의 영역이다.

기독교식 결혼식에서 신랑 신부가 세족식을 하고 있다.

"내가 이를 때까지 읽는 것과 권하는 것과
가르치는 것에 전념하라
네 속에 있는 은사 곧 장로의 회에서 안수 받을 때에
예언을 통하여 받은 것을 가볍게 여기지 말며
이 모든 일에 전심전력하여
너의 성숙함을 모든 사람에게 나타나게 하라."
(디모데전서 1장 13–15절)

2장 소명과 준비

CDS 회원 가입

1979년 나는 엘에이 근교에 있는 벨가든에서 치과병원을 운영하는 동안 최선을 다해 환자를 돌보며 치과의사로 활동했다. 남가주 대학에 다닐 때다. 선배인 김경수 장로(나성열린문 교회 출석)를 CDA(California Dental Association) 애너하임 컨벤션에서 만나 그곳에 설치된 CDS(미국 치과의료 선교회) 부스를 같이 돌아보게 되었다. 그때 김 선배가 CDS 부스 앞에서 발걸음을 멈추고 "나도 CDS 회원인데 자네도 가입하면 어때? 참 좋은 선교단체야"하면서 가입을 권유했다. 나는 그 자리에서 CDS 회원이 되었다. 그런데 누가 알았으랴? 오랜 세월 뒤에 캄보디아로 의료선교를 떠나게 될 줄을. 내가 CDS에서 파송을 받아 캄보디아 선교지로 떠나게 될 것을 오직 하나님만 아셨던 것이다! 우리의 모든 시작과 끝을 아시고 섭리하셨던 하나님의 선교(Missio Dei)는 신묘막측 할 뿐이다.

캄보디아로의 선교사 소명

나는 치과 병원을 개업할 당시부터 꾸준히 엘에이 타임즈(LA Times)를 구독했다. 그런데 어찌된 영문인지 나는 그 당시 캄보디아 관련 기사에만 눈이 가곤 했다. 캄보디아의 불안한 정치(Genocide) 현실과 경제

환경에 맘이 쓰이며 그들을 향한 관심이 커갔던 것이다. 일찍이 캄보디아는 1975년 공산반군이 프놈펜을 점령하여 농민을 제외한 지식계층과 베트남인을 대량 학살했다. 엘에이 타임지는 꾸준히 캄보디아 공산반군의 제노사이드를 고발했고 나는 계속 캄보디아 내전상황을 흥미롭게 주시하며 그들을 향한 기도를 하기 시작했다.

1993년, 파리협상으로 20년 넘게 끌어오던 내전이 종식되고 UN 통치가 1년 반 동안 시행 될 때 유엔은 20여 년 동안이나 닫혀 있던 의과대학과 치과대학의 재건을 월드컨선(World Concern)에게 부탁했다. 월드컨선은 CDS(미국 치과 의료선교회)에게 치과대학의 재건을 부탁했고 CDS는 캄보디아 치과대학의 재건을 돕기로 결정했다.

나는 1993년 이후부터 점차 캄보디아를 향한 마음의 소원을 갖게 되었다. 그 무렵, 미국 치과 의료선교회(CDS)로부터 조기 은퇴 후 캄보디아로 파송될 의료선교사를 찾는다는 뉴스레터가 발송되었다. CDS는 내가 학생시절부터 회원으로 활동해 오던 단체이기도 해서 낯설지 않았다. 나는 뉴스레터를 통해 캄보디아로 부르시는 선교의 음성을 듣기 시작했다. 나는 즉시 아내에게 캄보디아 선교의 소망을 나누었다. 그때 아내는 하나님께서 주신 비전에 기꺼이 찬동하고 동의해 주었다.

후에 나는 란 램(Ron Lamb)을 CDS 연차 미팅에서 만나면서 캄보디아 선교에 대한 더욱 구체적인 비전을 갖게 되었다. 그는 전 CDS 회장으로 캄보디아 치과대학 재건을 위해 1992년부터 1995년까지 캄보디아를 세 차례나 드나들며 치대 재건을 도운 사람이었다. 1993년 란 램을 만난 이후 나는 성실하게 기도하기 시작했다. 그리고 10년 후 조기 은퇴와 함께 캄보디아 선교를 결심하게 된 것이다. 그 후 은퇴하기까지 10년은 주께 기도하면서 지혜를 구하는 시간이었다. "주님, 십년 후 캄보디아 선교를 떠나기 위해서 지금 저는 무엇을 준비해야 되나요? 가르쳐 주옵소서! 인도해주옵소서!" 간절히 기도하면서 하나님께 지혜를 구했을 때 주님은 신실하게 응답하셨다.

캄보디아는 평소에도 내가 관심을 갖고 기도하던 곳이지만 막연하고 모호했던 기도가 점점 구체성을 띠며 변해갔다. 나는 의료선교사로 나갈 비전을 위해 기도했고 하나님은 그 비전을 실행하도록 은혜를 주셨다. 옆에서 함께 걸어준 아내, 그녀와의 동행으로 기쁨은 두 배로 커졌다. 우리는 캄보디아로 향할 계획을 실천에 옮기기 시작했다. 우선 순천 매산중학교 동기요 "파트너 인터내셔널 선교부" 엘에이 지역 한인교회 담당으로 일하던 이향근 목사에게 캄보디아인 선교사 소개를 요청했다. 그는 티모시 잇쓰(Timothy Ith)라는 캄보디아 목사를 소개해 주었다. 나는 기쁜 마음으로 그분을 내가 다니던 오렌지힐 장로교회에 소개했고, 그때부

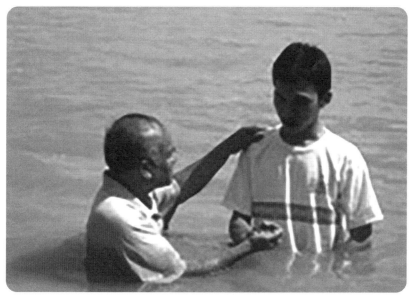

티모시 잇쓰 목사가 닥터 마까라에게 세례를 주고 있다.

터 우리 교회는 우리가 캄보디아로 들어갈 때까지 9년간 그분을 후원했다. 티모시 잇쓰 선교사는 캘리포니아 모데스토(Modesto)로 피난 온 난민 출신이다. 그는 비행기 정비사로 일하다가 침례교신학교에서 신학을 공부했다. 그 후 캄보디아로 들어가 후일 캄보디아 교계 지도자로 족적을 남겼다. 그는 EFC(캄보디아 교회연합회)회장도 역임하고 내가 캄보디아 현지 전도사(아브라함 심팀)와 함께 개척한 교회에 오셔서 세례도 베풀어주었다. 내가 14년간의 임기를 마치고 미국으로 돌아올 때까지 우리는 서로에게 긴밀한 협조자였다.

캄보디아 선교 준비

캄보디아는 인생 후반에 맞는 새로운 도전이 될 것임이 분명했다. 나는 십년 후(1993-2002년) 실행하기로 한 캄보디아 선교를 위해 본격적인 준비에 들어갔다. 여기에는 선교지에서의 할 일 뿐 아니라 조기 은퇴에 따른 재정계획과 신학 훈련도 포함되어 있었다. 신학 훈련을 받는 것은 선교지에서의 말씀 사역을 위해 무엇보다 필요한 일이었지만 선교사 임기를 마치고 돌아온 후의 재정계획도 소홀히 할 수는 없었다. 또한 나를 선교지로 파송할 선교단체(CDS)와의 돈독한 유대 강화도 챙겨야 할 중요한 임무 중 하나였다.

내가 제일 먼저 한 일은 재정준비 계획이었다. 돈을 모으는 가장 좋은 방법은 보수적이지만 저축이 최고였다. 나는 우선 은퇴연금(401K) 프로그램 중 의사에게 가장 유리한 Define Benefit Pension Fund(고용주가 더 많은 액수를 적립할 수 있도록 고용주 자신과 종업원의 연금을 전액 부담해 주는 연금제도)를 설립하고 강제저축을 시작했다. 그리고 그 은퇴연금의 이름으로 내가 개업하고 있던 작은 건물을 구입했다. 선교를 위해 불필요한 가계 지출을 줄이는 것도 당연했다. 티나와 나는 숙제를 이행하듯 저축에 몰두했다. 내가 개업하던 당시는 치과의사가 모자라 치과 병원이 호황을 누리던 때여서 그나마 재정준비는 순조롭게 진행되었다.

다음으로 내가 파송 받을 선교단체(CDS)와의 공조를 강화하기 위해 노력했다. 이미 오래 전 USC 재학 시절 나는 CDS 선교회에 가입해 있었으나 대학 졸업 후에는 회비만 낼 뿐 회원활동에 거의 참여하지 않고 있었다. 무엇보다 CDS에 나의 선교 열정을 알려야 했다.

그 당시 나는 1991년에 설립된 한인 치과 의료선교회(KACDM/ 2016년에 GDA로 바뀜)에서 회계(Treasurer)도 맡고 회장도 맡아서 열심히 봉사하였다. 그리고 GDA(한인 치과 의료선교회)를 통한 멕시코 단기선교는 수차례 GDA 회원들과 함께 다녀왔다. 그래서 그 당시만 해도 CDS 활동까지 하는 것은 쉽지 않았다.

그 후 2004년 9월 CDS로부터 안수를 받고 파송 받을 때까지 나는 지속적으로 CDS와의 신뢰를 쌓아갔다. 그리고 CDS 정기 총회 등 모든 중요행사에 빠지지 않고 참여하였다. 그 중에서도 CDS 선교회 요청으로 참여했던 중미 혼두라스(Honduras) 단기선교는 매우 인상적이었다.

"내가 이를 때까지 읽는 것과 권하는 것과 가르치는 것에 전념하라 네 속에 있는 은사 곧 장로의 회에서 안수 받을 때에 예언을 통하여 받은 것을 가볍게 여기지 말며 이 모든 일에 전심전력하여 너의 성숙함을 모든 사람에게 나타나게 하라."(디모데전서 1:13-15)

"너는 마음을 다하여 여호와를 신뢰하고
네 명철을 의지하지 말라
너는 범사에 그를 인정하라
그리하면 네 길을 지도하시리라."
(잠언 3장 5-6절)

3장 영적 무장

풀러신학교

나는 1993년 선교사 소명을 받은 후 캄보디아로 떠나기 위해 본격적으로 세 가지 영역에서 선교사 준비훈련을 했다. 2장에서는 선교단체와의 유대강화와 조기은퇴 후의 재정 계획에 대해 살펴보았다. 3장에서는 조기은퇴 후 캄보디아로 출발하기 까지 약 2년간 내가 열정을 쏟았던 "신학(말씀)훈련" 과정(9.2002-7.2004)에 대해 나눠 볼 참이다.

나는 평소에 풀러 신학교 김세윤 교수를 존경해 왔다. 언젠가 우리교회에 오셔서 구원과 복음의 핵심을 강의해주었는데 그 명료함에 충격을 받았었다. 그날의 신선한 기억은 오래갔다. 나는 선교지로 떠나기 전에 김세윤 교수의 바울신학 강의를 듣기로 계획을 세웠다.

마침내 2002년 8월 조기은퇴를 하고 그해 9월에 풀러 신학교를 방문했다. 그러나 안타깝게도 김세윤 교수의 강의를 들을 수 없었다. 김 교수의 바울신학은 신약개론을 선이수해야 하는 조건이 있었다. 나는 내친김에 신학을 체계적으로 공부하기로 하고 2002년 9월부터 선행학습으로 세 과목(신약개론, 성경공부학, 영성학)을 등록했다. '신약개론' 수업은 예수 그리스도의 죽음과 부활의 사건이 어떻게 세상을 향한 하나님의 복된 소식인지를 개인적으로 정리하는 시간이었다. '성경공부학'은 신구약 성경을 체계적으로 묵상하고 연구하는 기회였다. '성경공부학'은 다른 사람을 가르칠 수 있는 좋은 도구가 되어주었을 뿐 아니라 나 자신을 성경으로 무장할 수 있도록 해 주었다. 실습서는 '고린도후서'였다. 마지막 '영성학' 과목을 통해서는 교회사에 나타난 영적 거장들의 삶과 사역에 대해 배웠다. '영성학'은 내 삶의 전 영역을 통해, 특별히 기도와 말씀묵상을 할 때 어떻게 해야 예수님을 닮아갈 수 있으며 영성(spirituality)을 삶 속에 실천할 방법은 무엇인지 고민하게 한 시간이었다.

영성학 교수인 쥬드 왓슨 교수(현재는 NOVO, 당시에는 CRMChurch Resources Ministry 선교회 회원)와의 만남은 캄보디아 선교부 선택에 있어 결정적 계기가 되었다. 언제나 나의 하나님은 신실하시고 착오가 없으셨다. 왓슨 교수와의 만남을 주선한 분은 아마도 하늘에 계신 그분이셨으리라. 영성학 시간은 모든 필요를 예비하시고 준비하시는 살아계신 그분을 깊이 체험하는 시간이었다.

Jude Tiersma Watson 풀러 교수

영성학 수업 마지막 날 쥬드 왓슨 교수 (Jude Tiersma Watson)가 학생들에게 물었다. "졸업 후 무엇을 할 것인가." 우리는 각자의 계획을 써냈고, 그때 나는 질문지를 받자마자 즉석에서 캄보디아로 선교를 가겠다고 써냈다. 수업 후 왓슨 교수가 나를 사무실로 불렀다. 그는 본인이 소속되어 있는 CRM(현 NOVO) 산하 빈민 선교부(Inner/Change)를 내게 추천하면서 그곳에서 사역을 하면 어떻겠느냐고 제안했다. 이미 빈민 선교부(IC)가 1993년부터 캄보디아에 들어가 있으니 캄보디아에 경험이 없는 나에게 좋은 기회가 될 것이라고 내가 아직 선교부를 결정하지 않았다면 CRM을 통해 나가면 어떻겠느냐는 권면이었다. 그러나 왓슨 교수의 제안은 내 관심을 끌지 못했다. 나는 빈민 선교사역보다 치과대학에서 가르치면서 의료 선교사역을 할 계획이었기 때문이다.

그 후 영성학 교수 쥬드 왓슨과의 만남이 내 인생과 선교에 어떻게 영향을 미쳤는지에 대해서는 4장에서 다루도록 하겠다.

아무튼 이런 예기치 않는 만남과 과정을 통해 선교 현장으로 나가기 전에 보냄을 받은 자가 어떻게 영적으로 무장해야하는지, 하나님을 신뢰한다는 것은 어떤 것인지, 어떻게 하나님의 인도를 받는지를 훈련한 것이다. 하나님은 나의 모든 캄보디아 여정을 꿰뚫고 계셨고 그 일을 위해 한 점 오차도 없이 한 걸음씩 인도하고 계셨다.

"너는 마음을 다하여 여호와를 신뢰하고 네 명철을 의지하지 말라 너는 범사에 그를 인정하라 그리하면 네 길을 지도하시리라."(잠언 3:5-6)

간략한 캄보디아의 역사

캄보디아의 '비전 여행'을 떠나기 전에, 캄보디아의 간략한 역사를 살펴보도록 하자.

크메르족(Khmer)은 이웃나라들과 별 차이 없는 평범한 왕국이었다. 그러나 AD 802년에 씨엠리업 지역의 자야바르만 2세(Jayavarman II) 왕이 앙코르 제국(Ankor Empire)을 세우고 주변 나라를 차례로 정복하며 막강한 힘을 가진 제국의 위세를 갖추었다. 그 권력과 영화는 12세기 중반(1113-1150년)에 수리야바르만 2세(Suryavarman II)왕 때 절정을 이룬다. 국경은 지금의 태국과 라오스 전역과 중국 당나라에 맞닿을 정도였고 현 베트남의 호치민 시가 있는 메콩 강 델타지역까지가 앙코르 제국 통치 하에 있었다.

AD 1165년, 현 베트남 중부에 있던 짬(Cham) 왕국의 특공대가 크메르 반정부 세력과 함께 바다와 메콩 강을 거슬러 올라와, 거대한 호수(똔내 삽)를 끼고 있던 앙코르 제국의 수도를 기습 공격하여 승리한 후 4년간 통치하기도 했다. 다시 강대해진 베트남이 남하하면서 짬 왕국을 멸망시키고 비옥한 메콩 강 델타지역을 차지하면서 거기에 거주하던 캄보디아 사람들도 베트남 치하로 들어가게 된다. 그래서 지금도 베트남 서부의 국경 근처에는 거대한 캄보디안 민족이 살고 있다. 그 후 앙코르 제국으로부터 태국과 라오스가 차례로 독립해 분리되었다. 앙코르제국이 지배하던 피지배 민족들의 독립은 결정적으로 캄보디아의 국력을 약화시켰다. 훗날 짬 족은 집단으로 무슬림으로 개종한 후, 앙코르 제국의 허

"앙코르제국이 지배하던 피지배 민족들의 독립은 결정적으로 캄보디아의 국력을 약화시켰다. 훗날 짬 족은 집단으로 무슬림으로 개종한 후, 앙코르 제국의 허락을 받고 캄보디아로 이주한다"

락을 받고 캄보디아로 이주한다. 현재도 그들은 메콩 강 주변에서 고기 잡이로 생활하면서 살고 있다. 인구는 약 40만 정도다. 언어도 그들 고유의 것을 사용한다.

태국은 이때 현 곡창지대인 서부 바탐방을 차지하게 된다. 2013년에 죽은 시아누크 왕이 소년 왕 시절에 베트남을 식민지로 삼고 있던 프랑스에게 스스로 프랑스 식민지를 자청했다. 그래서 프랑스가 통치하면서 태국을 압박하여 바탐방 일대를 돌려받는다. 캄보디아 남쪽 해안 코앞에 있던 큰 섬을 프랑스가 베트남에게 넘겨주어 현재 그 섬은 베트남 땅이다. 태국의 압박으로 캄보디아는 늘 수도를 옮겨 다니다가 1866년 왕궁 건설과 함께 현재 프놈펜으로 천도하게 된다.

그 후에는 파리로 유학했던 일부 캄보디아 엘리트 유학생들이 공산주의자가 되어 돌아왔다. 그들은 귀국 후에 크메르 루주(캄보디아 공산당)가 되어 세력을 키우다가 론 놀(Lon Nol) 장군(미국의 지원 아래 쿠데타를 일으켜 권력을 잡음)을 물리치고 프놈펜을 점령했다. 크메르 루주는 많은 지식인과 의사들을 대량학살하고 농업을 기반으로 하는 이상 국가를 설립하려고 했다. 그들은 반 베트남 정책을 쓰면서 선대로부터 땅을 지키며 살아온 많은 베트남인을 대량 학살하기에 이른다. 시 외곽에는 폴 포트 정권 시대에 대량학살의 흔적인 킬링필드가 남아 역사를 증언하고 있다. 그 사이에 베트남이 1979년 침공하여 지루한 20년간의 내전을 겪다가 1993년에야 파리협정으로 평화를 되찾았다.

현재 캄보디아는 훈센 총리가 30년 넘도록 장기 독재를 펴고 있다. 그는 최근에 중요 야당들을 강제 해산하며 미국에 등을 돌리고 친중 정책을 펼치고 있다. 최근에는 중국에서 빌린 차관을 상환해야하는 어려움에 봉착하면서도 여전히 장기 독재를 감행하고 있다.

캄보디아 문화체험 ▶ 교통수단

내가 캄보디아에 도착했던 2004년에는 차도 많지 않았고 길도 좋지 않았다. 장거리 버스나 사륜구동 차량은 고관이나 부자들의 전유물이었다. 특히 토요다 렉서스 사륜구동은 권력과 부를 상징한다. 서민들의 주된 대중교통 수단은 모또(오토바이)다. 다음으로 툭툭이고 시골로 가는 교통수단으로는 중고 봉고차다. 시내에서는 택시가 운행되었고 멀리 시골에 급하게 가야할 때는 총알택시라 불리는 중고 캠리를 사용했다.

툭툭이는 오토바이에 호박마차를 달고 다니는 탈 것으로 캄보디아 여행자들이 매우 선호하는 교통수단이다. 요금은 아침부터 저녁까지 하루 대여가 약 15달러 정도이고 반나절 투어는 7달러 정도다. 모또라 불리는 작은 오토바이는 이동 시간을 줄이기에는 좋으나 사정없이 질주하는 그들을 보고 있자면 아찔하기까지 하다. 프놈펜 여행자라면 모또에 네다섯 명의 가족이 타고 아슬아슬하게 질주하는 모습을 자주 보게 된다. 캄보디아의 교통사고율이 세계 최고 수준이라는 게 이해되는 장면이지만 지구촌 한 켠의 삶의 현장으로 바라보면 역동감도 느껴진다. 이제는 길도 좋아지고 중고 승용차가 늘어나면서 교통체증과 공해가 심각해졌다. 내가 퇴임하던 2018년은 프놈펜 시가지에 도로확장공사가 한창이었다. 극심한 교통체증을 겪으며 프놈펜 공항으로 향했던 추억이 있다. 승용차는 거의 90퍼센트가 토요다 중고 승용차다.

제2부

캄보디아를 향하여

"그러므로 나의 사랑하는 자들아
너희가 나 있을 때뿐 아니라
더욱 지금 나 없을 때에도
항상 복종하여
두렵고 떨림으로 너희 구원을 이루라"
(빌립보서 2장 12절)

4장 비전여행 2004!

캄보디아로 비전여행

2004년 1월, 열흘 동안 캄보디아 비전여행을 다녀왔다. 캄보디아 선교를 떠나기 전 선행답사 성격의 방문이었다. 이 여행은 월드 컨선 (World Concern)과 전 CDS 회장이었던 란 램(Ron Lamb)의 주선으로 이루어졌다. 이 여행에서 나는 다섯 사람의 선배 선교사를 만날 수 있었다. 이 분들과의 만남은 향후 캄보디아 선교의 모든 것을 결정하는 중요한 계기가 되었다. 다섯 사람과의 만남과 인연을 차례로 소개하고자 한다.

ICC 디렉터 월렘 반 디스 선교사와의 만남

나는 캄보디아 국립치과대학에 가서 가르치는 사역(선교)을 하고 싶었기 때문에 가장 먼저 ICC(International Cooperation Cambodia) 디렉터 월렘(Wilem) 반 디스 선교사와 인터뷰를 가졌다. 당시 치과대학은 유럽에서 온 ICC 선교부가 맡고 있었다. 그는 화란인으로 치과대학을 맡은 ICC 선교단체의 디렉터였다. 나는 향후 치과 대학에서 가르칠 사역을 그와 함께 논의하는 과정에서 그가 과거에 어느 한국 선교사와의 사이에 좋지 않은 일이 있었음을 알게 되었다. 그는 내가 묻지도 않았는데 과거 자신의 아픈 상처를 쏟아 놓았다. 오랜 시간이 지났음에도 그는 여전히 한 한국 선교사에 대한 분노를 해결하지 못하고 있었고 결국 그 상처가 오늘 나의 사역에까지 영향을 미치게 된 것이다. 한 한국 선교사의 실수는 결국 또 다른 한국 선교사의 길을 가로막는 것으로 돌아오고 만 것이다.

그는 자신이 받은 상처를 내게 들려주었다. 과거에 한인 선교사 한 분이 그가 사역하고 있는 ICC 선교회의 교회 옆에 교회를 개척했다. 그때 당시 캄보디아는 식량이 없어 배가 고플 때였다. 그때 그 한인 선교사가 현지인들에게 쌀을 나누어 주면서 디스 선교사가 사역하는 교회의 교인들을 많이 빼앗아 간 것이다. 그때 디스 선교사는 물질공세를 통해 교인들을 빼앗아가는 한인 선교사에 대노했다. 협력은커녕 다른 교회 교인을 잘못된 방법으로 빼앗아가는 한인 선교사에 대한 인상은 디스 선교사 뇌리에 깊게 박혀버렸다. 그 후 아예 한인이라고 하면 고개를 돌려버리게 되었고 특히 한인 선교사에 대해서는 교인 쟁탈전에만 혈안 되어 있는 욕심 많은 사역자라는 프레임을 씌워버렸다.

그의 아물지 않은 지난 상처는 내가 한국계 미국인이라며 인사를 건네는 순간에 바로 드러났다. 나는 단지 한국인 1세라는 사실 때문에 그에게 배척의 대상이 되었다. 결국 나는 ICC 선교부에 들어가지 못했다. 화란인답게 솔직하고 정직한 그의 고백 앞에 나는 얼굴을 못들 정도로 부끄럽고 미안했다. 한국 교회의 민낯을 고스란히 드러내는 대목이 아닐 수 없다. 이런 저급한 일이 캄보디아에서만 일어나는 게 아니라는 게 더 큰 문제다. 한국 교회는 경쟁적으로 무분별하게 선교사를 파송하는 것을 지양해야 한다. 한 사람의 선교사라도 체계적이고 거시적인 안목에서 그들을 훈련하고 파송을 결정해야 한다. 훈련에 앞서 선교사의 자질과 삶도 심각히 고려해야 한다. 나중에 나는 미국에서 디렉터 월렘 반 디스가 보낸 공식적인 거절 서한을 받았다. 편지에서 그는 나에게 조언하기를 "선교병원에서 빈민을 치료하면 좋겠다"는 제안을 덧붙였다.

결국 나는 과거 한 한인 선교사의 어긋난 선교로 캄보디아 치과대학에서 가르치는 사역이 좌절되고 말았다. 당시 나의 충격과 실망감은 말로 다 표현 할 수가 없다. 10년이 넘도록 준비해온 사역의 길이 막혀버렸을 그때의 절망감을 누가 헤아릴 수 있으랴!

OMF 추(Choo)선교사 부부

치과대학에서 가르치는 OMF 천천추 선교사(Dr. Chern Chern Choo)와 예원추 선교사(Dr. Yewon Choo/ 중국계 말레이시안 부부)와의 만남은 향후 캄보디아 선교사역에서 소중한 사귐으로 자리매김했다. 이들은 향후 14년 사역이 끝날 때까지 신실하게 협조하고 동역한 잊을 수 없는 분들이다.

부인 천천 선교사는 캄보디아에서 근 십년 동안 사역하다가, 싱가포르에 가서 교정전문의를 3년 만에 따고 돌아와서 당시 캄보디아의 유일한 국립치과대학 대학원에서 교정전문의 과정을 가르쳤다.

위클리프(Wycliff) 차덕근 선교사

차덕근 선교사는 반 디스 아래에 있으면서 성경 번역 사역을 하고 있었다. 그는 신약성경을 짬 족 언어로 번역하고 있었다. 참고로 짬 족은 메콩 강에서 고기잡이를 생업으로 하며 이슬람을 믿었다. 그들은 자신들만의 언어를 사용하고 있었고 캄보디아 내에서 차별을 받으며 사는 소수 종족 집단이다. 짬 족은 참파왕국의 후예로 이들의 주거지는 베트남 중부다. 짧지만 한때는 앙코르 제국을 점령하여 다스리기도 했다. 그러나 베트남 족이 남진하면서 참파왕국은 망하고 종족 전체가 이슬람으로 개종하여 캄보디아로 들어오게 된 것이다. 현재 차 선교사는 프놈펜에서 사역을 하다가 사역지를 옮겨 꼼뽕츠낭 짬 족을 섬기면서 그들의 언어로 신약성경 번역을 최근에 끝마쳤다.

보사부 치무국장

나는 보사부의 치무국장을 만났을 때, "캄보디아에 치과 라이선스를 가진 치과의사가 몇 명이나 되느냐?"고 물었다. 약 320명 정도의 치과의사가 있다고 하는데 놀라운 것은 그들 중에 60명은 간호사 출신 남자들에게 6개월 교육 후 면허를 준 것이라고 했다. 나는 경악을 금치 못했다. 당시 캄보디아 인구가 1200만 정도였는데 정식 라이선스 소지자가 300명 남짓이라면 치과의사 확충은 정말 시급한 문제였다. 중국계 무면허 의사들(Traditional Dentists)이 치과 일을 하고 있었지만, 내가 보기에 캄보디아의 현실은 너무 절박했다. 말하자면 돌팔이 의사가 판을 치고 있는 것인데 캄보디아의 무면허는 훨씬 더 힘이 있는 돌팔이인 셈이다. 그들은 무면허 소지자임에도 정부가 그들을 인정하고 모든 치과 진료를 허용하고 있다. 의료법상 한 달에 한번 면허 있는 의사가 감독하도록 하고 있으나 거의 지켜지지 않고 있다. 그래서 그들의 진료의 질은 열악하기 짝이 없었다.

2004년 1월 십일 동안의 비전여행에서 만난 다섯 사람(반디스, 천천추, 예원추, 차덕근, 보사부 치무국장)은 내가 하나님의 선교를 향한 소중한 결정을 내릴 때마다 훌륭한 안내자요 길잡이가 되어 주었다. 반디스의 거절 편지를 통해 CDS의 파송으로 학교사역을 계획하고 나갔던 나를 CRM (해외선교단체) 단체의 빈민선교로 방향을 돌리게 하셨던 것을 보면, 나와 반 디스는 함께 주님의 사역을 감당하는 동역자였음에 틀림이 없다. 참고로, 치과대학으로는 유일하게 캄보디아 국립치대가 있었다. 그곳은 7년제(프랑스제도)로 학제는 잘 갖추어져 있었으나 정원이 고작 25명이었다. 비록 국립치대에서 가르치는 사역은 좌절되었을지라도 캄보디아 땅에 전문 치과대학에 대한 선교의 비전과 부르심(Calling)은 확인할 수 있었다.

CDS 선교회의 야브로 회장과 란 램(현 World Dental Relief 총재)과의 만남 또한 캄보디아 선교의 결정적인 다리가 되어 주었다.

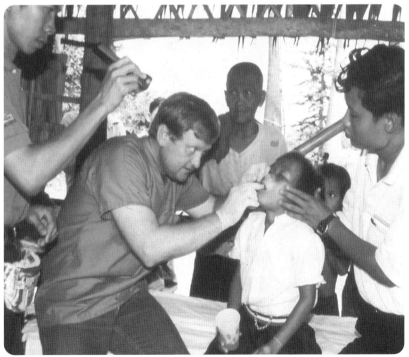

Ron Lamb (현 World Dental Relief 총재)

"내가 이를 때까지
읽는 것과 권하는 것과 가르치는 것에 전념하라
네 속에 있는 은사 곧 장로의 회에서
안수 받을 때에 예언을 통하여
받은 것을 가볍게 여기지 말며
이 모든 일에 전심전력하여 너의 성숙함을
모든 사람에게 나타나게 하라."
(디모데전서 4장 13-15절)

5장 안수 그리고 파송

CRM의 빈민 선교사역

2004년 1월 캄보디아 비전여행은 나의 모든 선교의 방향을 바꾸어 놓고 말았다. 반 디스와의 만남으로 거절된 '치과대학에서 가르치는 사역'은 이제 '빈민 선교 사역'이라는 새로운 선교 현장으로 나를 인도했다. 이제 나는 어떻게 하나님께서 이 빈민 병원 사역을 미리 예비하셨는지를 나눈 다음에, 예기치 않은 한 사람과의 만남을 통해 새로운 사역으로 우리를 인도하는 하나님의 경륜을 보여드리고자 한다.

나는 2004년 1월의 캄보디아 비전 여행을 앞두고 2003년 12월에 조용히 주님과의 시간을 갖기 위해 팜데일 카톨릭 수도원(Saint Andrew Abby)을 찾았다. 홀로 조용히 주님과 교제하며 말씀 묵상하는 시간을 갖기 위해서였다. 수도원에 짐을 푼 다음 날 아침에 식사하기 위해서 테이블에 앉았는데 우연히 안식월을 맞아 쉬러 온 스티브 샵(Steve Sharp)이라는 선교사와 동석하게 되었다. 스티브 샵은 CRM 소속 선교사로 베네수엘라의 빈민선교지에서 사역하고 있었다. 우리는 서로 인사를 나누었다. 나는 곧 캄보디아로 의료선교를 떠날 사람이라고 먼저 자신을 소개했다. 그러자 그는 내게 빈민 선교부(InnerChange)의 디렉터 슈 로이드라는 분을 소개해 주면서 꼭 만나보라는 당부까지 주었다. 나는 그냥 답례로 슈 로이드의 이름을 냅킨에 쓴 다음 호주머니에 집어넣고 수도원을 내려왔다. 그리고 그 냅킨에 써 놓은 이름을 버릴까하다가 혹시 몰라서 이름을 수첩에 써 놓았다. 나는 그 사실을 까마득히 잊어버린 채 캄보디아 비전 여행에 올랐고 그곳에서 실의에 빠진 모습으로 미국에 돌아왔던 것이다.

참 하나님은 놀라우시다. 원래 나는 캄보디아 치과대학에서 가르치는 의료선교를 계획하였기에 왓슨 교수를 만나기 전에는 CRM 산하에 있는 빈민 선교회(InnerChange)나 그곳에 소속한 사람들을 알지 못했다.

그러나 하나님은 '치과대학에서 가르치는 사역'이 아니라 '캄보디아의 빈민선교'를 위해 나를 예비하고 계셨다. 그의 측량할 수 없는 뜻을 내가 어찌 알 수 있었으랴! 하나님은 내가 장차 일할 빈민 선교회(InnerChange)의 책임자 슈 로이드와의 만남을 베네주엘라 선교사 스티브 샵을 통해 연결시켜 주셨다. 그 전에 풀러 신학교의 왓슨 교수를 통해 나는 이미 CRM 선교회를 소개받았고, 하나님은 또 스티브 선교사를 통해 그 단체의 책임자를 구체적으로 지목하여 알게 하셨다. 정말 오싹할 정도로 하나님은 놀라우시다!

언제나 우리 하나님은 신실하시고 그분의 인도하심은 착오가 없으시다! 우리들의 여정에 어느 것도 우연이 아닌 걸 안다면 우리는 성실하게 매일의 여정에서 만난 사람들에 최선을 다해야할 것이다.

"아브라함이 눈을 들어 살펴본즉 한 숫양이 뒤에 있는데 뿔이 수풀에 걸려있는지라 아브라함이 가서 그 숫양을 가져다가 아들을 대신하여 번제로 드렸더라 아브라함이 그 땅 이름을 여호와이레라 하였으므로 오늘날까지 사람들이 이르기를 여호와의 산에서 준비되리라 하더라."(창세기 22:13-14)

나는 캄보디아 비전 여행으로부터 돌아온 후 그동안 준비하고 계획해 왔던 치과대학에서 가르치는 선교 사역이 무산되자 거의 탈진 상태가 되었다. 마음은 더욱 초조해지고 내심 다급해졌다. 그때 성령의 도움으로 내 마음에 떠오른 한 사람과 선교단체가 있었다. '슈 로이드'와 'CRM'이었다. CRM(Church Resources Ministry)은 쥬드 왓슨 풀러 교수(성령론 교수)가 소개했고, CRM의 빈민선교부 책임자였던 슈 로이드는 우연히 수양관에서 만난 스티브 샵이 소개한 사람이었다. 왓슨 교수는 CRM 빈민 선교회 회원이면서 LA 알바라도와 유니온 빈민가 아파트에 살았고 거기서 남편과 함께 교회를 개척하여 사역하고 있었다.

나는 즉시 스티브 선교사가 소개한 슈 로이드와 약속을 하고 그녀의 사무실을 찾았다. 그녀의 사무실은 그때 LA 알바라도와 7가 맥아더 파크 옆에 있었다. 상담 후 그녀는 내게 CRM 빈민 선교회의 정식 캄보디아 선교사가 되어 4년간의 선교를 하도록 조언했다. CRM 선교기관에는 네 개의 산하 부서가 있다. 해외 선교부, 국내 선교부, 빈민 선교부(InnerChange), 비즈니스 선교부(Business as Mission)가 그것들이다. 나는 그 중에서 빈민 선교부 소속이 되었다. 그러나 4년은 너무 길다 싶어 우선 2년을 헌신하겠다고 했고 CRM 선교부에서는 나를 인턴 자격으로 가라며 허락해주었다.

Dr. Wm Calnon & Ron Lamb

CRM 선교회의 안수

마침내 우리는 캄보디아 선교사가 되기 위해 2004년 7월에 샌프란시스코에서 2주간의 빈민 선교부(InnerChange) 교육을 받았다. 그리고 7월 말에 CRM 선교회를 통해 아내 티나와 함께 꿈에도 그리던 영광스런 선교사로의 안수를 받았다. 그 때에 한미 치과 의료 선교회(GDA)는 캄보디아 선교사 파송예배를 엘에이 한인침례교회에서 성대히 치러주었다. 감사하게도 GDA는 내가 캄보디아에서 14년간 사역하는 동안에 적극적으로 지원해 주었고 세 번에 걸쳐 이동진료 사역도 함께해 주었다. 모든 GDA 회원 분들께 감사드리고 주께 영광을 올린다.

캄보디아로 파송

2004년 8월 6일! 나는 아내 티나 선교사와 2년간의 CRM 선교부 인턴자격으로 파송을 받고, 캄보디아의 수도 프놈펜에 도착했다. 비행기에서 내리자마자 용광로에서 뿜어져 나오는 듯한 열기가 우리를 맞았다. 뜨거운 대기는 우리 앞에 놓인 길이 쉽지 않음을 실감케 했다. 어리둥절해 있는 사이 한 줄기 시원한 소나기가 쏟아졌다. 기온은 금세 확 떨어졌다. 이제 6장부터는 프놈펜 공항에 우리 부부를 마중 나온 마크 스미스(InnerChange의 팀 리더)와 데이브 에버렛 이야기를 시작으로 어떻게 남침례교 선교병원 내에 빈민 치과병원을 설립하게 되었는지 나누도록 하자.

캄보디아 문화체험 ▶ "쁘라혹"(캄보디아 젓갈)

쁘라혹은 캄보디아를 대표하는 음식으로 우리나라의 젓갈과 비슷하다. 민물생선을 그냥 소금에 절여 삭혀서 만든 것이다. 캄보디아 사람들은 바다생선은 비린내가 나서 좋아하지 않는다. 돔 외의 바닷고기는 맛이 없다고 먹지도 않는다. 쁘라혹은 논이나 강에서 잡은 작은 민물생선을 소금에 절여 만든 것인데 각종 전통요리에 다양하게 쓰인다. 한국 식 젓갈과 매우 비슷하다. 캄보디아 사람들은 쁘라혹을 매우 즐기며 물고기 종류만큼 그 종류도 매우 많다.

한국의 젓갈은 새우, 갈치, 정어리 등의 각종 바닷고기나 그들의 알로 만든다. 그러나 캄보디아인에게 바닷고기로 젓갈을 만드는 것은 생소하지 않을 수 없다. 우리는 가끔 남쪽 해안 개펄에서 잡히는 꼬막을 특식으로 즐겼다. 그 맛은 한국 꼬막의 맛과 똑 같았다.

제3부

캄보디아에서

"만일
우리의 복음이 가리었으면
망하는 자들에게 가리어진 것이라
그 중에 이 세상의 신이
믿지 아니하는 자들의 마음을 혼미하게 하여
그리스도의 영광의 복음의 광채가
비치지 못하게 함이니
그리스도는 하나님의 형상이니라."
(고린도후서 4장 3-4절)

6장 빈민(병원) 선교사역

남침례교 선교병원 안에 치과병원 설립

2004년 8월 6일 우리 부부는 캄보디아 프놈펜 공항에 도착했다. 팀 리더인 마크 스미스(Mark Smith) 선교사가 우리 부부를 반가이 맞아 주었다. 그는 우리를 캄보디아 왕궁 근처로 데리고 가서 그곳에 숙소를 잡아 여장을 풀게 했다. 우리가 2주 정도 머물게 된 그 숙소 가까이에는 엄청나게 큰 사찰이 있었는데, 그 사찰에서 새벽 염불소리를 확성기로 틀어놓아 잠을 설치곤 했다. 사찰 주변인데도 주변이 소란하던 신기한 체험이었다.

빈민선교부는 정기적으로 매주 수요일 오후 4시에 모여 팀 미팅을 가지고 있었다. 각자의 사역보고를 겸해서 기도제목을 나누고 합심 기도를 하는 시간이었다. 우리도 이 모임에 참석하여 인사를 나누었다. 우리는 앞으로 2년간 지내야 할 거처를 데이브 에버렛이 살고 있는 집 건너편에 얻었다. 우리는 거기서 집 주인의 이모(또옷)와 여동생 랭찬행(Leng Chan Heng)을 만났다. 랭찬행은 나에게 또 한 사람의 중요한 인연이 되었다. 우리는 주일 오전에는 현지교회 한 곳에 출석해야 했다. 그리고 오후 4시에는 선교사들이 함께 모이는 ICF(International Christian Fellowship) 교회에서 예배를 드렸다. 집 앞 골목 끝에 있는 교회의 전도사 도움을 받으며 나는 우선 집 주인의 이모 또옷에게 복음을 전했다. 그리고 첫 열매를 얻었다. 복음의 씨앗은 여학생 랭찬행에게로 이어졌고, 믿음을 갖게 된 랭찬행은 나의 사역을 물심양면 도왔다. 시골에서 놀며 지낸다는 또웃의 아들 만(Mann)도 불렀다. 나는 그를 우리와 함께 지내 도록 했고 만 역시 믿음을 받아들였다.

팀장인 마크 스미스에게 데이브 에버렛이 제안하여 나는 CSI (Cooperative Service International: 남침례교단 선교회)가 운영하는 프래아 켓 밀리어(육해공군 통합병원) 내에 있는 작은 병원의 치과의사 로 내정되었다. 알고 보니 내가 오기도 전에 이미 빈민 선교회 내부에서 는 본부로부터 나를 통해 CSI 선교병원에 치과를 개설하라는 명령을 받 아 놓은 상태였다.

다행히 군병원 내에는 치과를 차릴 만한 곳이 있었다. 병원 이층에 있 는 창고로 옛날에는 병실로 사용되던 장소였다. 자리는 그다지 협소하지 않아서 치과병원으로도 쓰고 복도 건너편의 빈 병실에 부속기공소도 넣 을 수 있을 만큼 넉넉했다. 군병원이었으므로 우리는 집세 걱정을 할 필 요가 없었고 전기도 공짜로 썼다. 그렇지만 정작 치과병원에 필요한 집 기는 하나도 없었다.

CDS 선교회에서의 안수와 모금활동

아내 티나와 나는 2004년 9월에 치과진료실 한 개를 마련하기 위해 약 3만 달러를 모금할 목표를 세웠다. 그리고 동시에 CDS 선교회로부터 안수를 받기 위해 미국으로 들어왔다. 미국에 3개월 머무는 동안 플로리 다 올랜도 총회와 리트릿에서 CDS 선교회로부터 한 번 더 안수를 받았 다. 그해 선교회 회장은 조디 야브로(Jody Yarbro)였다. 아내 티나와 함 께 캄보디아 의료(치과) 선교사로서 안수를 받으면서 나는 깊은 은혜와 영광을 체험했다. 바울이 디모데에게 "네 속에 있는 은사 곧 장로의 회에서 안수 받을 때에 예언을 통하여 받은 것을 가볍게 여기지 말며 이 모든 일에 전심전력하여 너의 성숙함을 모든 사람에게 나타나게 하라"(디모데전서 4:14-15)하신 말씀처럼 파송식을 겸하여 가진 안수식은 특별한 하나님의 은총을 다시 한 번 경험하게 한 복된 시간이었다. 아내 티나도 공식적으로 CDS 선교회 일원이 되어 캄보디아 선교사로 직분을 받는 감격적인 순간이었다.

훗날 우리 가정은 캄보디아 사역의 현장에서 어려움이 닥칠 때마다 하나님의 기름부음(안수)을 생각하며 '너의 진보를 드러내라'는 조디 야브로의 당부를 새겼다. 그의 격려와 당부의 말씀으로

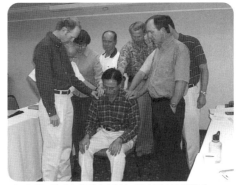

CDS 선교회로부터 캄보디아선교사로 안수를 받았다.

우리는 날마다 새로워질 수 있었다. "내가 달려갈 길과 주 예수께 받은 사명 곧 하나님의 은혜의 복음을 증언하는 일을 마치려 함에는 나의 생명조차 조금도 귀한 것으로 여기지 아니하노라."(사도행전 20:24)

우리는 CDS 선교회로부터 빈민 선교를 위해 재차 받은 안수를 통해 부족한 종의 가정에 베풀어 주신 큰 은혜를 생각하면서 아내와 나는 한없는 감격의 눈물을 흘렸다.

나는 CDS 선교회에 향후 회원들로부터 재정지원을 직접 모금할 수 있는 권한을 달라고 요청했다. 그러자 일만 오천 달러는 CDS에서 후원해 줄 테니 나머지 일만 오천 달러는 나더러 모금하라고 했다. 그때 매달 얼마씩 약정헌금으로 일부 회원이 참여했고 어떤 회원들은 일시불로 모금

에 동참했다.

또한 네 곳의 교회와 GDA 회원들이 모금에 동참했다. 그리고 몇 분의 개인 후원자도 참여하였다. 그 중에 전에 함께 교회에 다니던 김성호 집사님(웨스트민스터 장로교회 전 교우, Optical 부품 제조회사 사장)은 의자 한 대를 살 수 있는 큰 헌금을 일시불로 내 주셔서 우리에게 큰 격려와 힘이 되었다. 우리는 진료실 하나가 아닌 두개를 차릴 수 있는 5만 달러라는 큰 금액을 모금할 수 있었고, 나는 예정대로 기쁜 마음으로 12월에 귀임할 수 있었다.

군 통합병원 안에 치과병원 개업

우리는 프놈펜 왕궁 근처의 육해공군 통합병원 내에 4개월 동안의 준비과정을 거쳐 치과 병원을 완성했다. 2005년 5월 4일 치과진료실 두 개가 달린 치과병원이 마침내 개설된 것이다. 나와 티나, 인턴으로 참여한 닥터 쏙하, 리셉션을 맡아 준 루온 라차냐, 네 명의 간호사(싸반니, 소펀, 짠, 랭찬행), 청소부 봉톰으로 초창기 병원을 이끌었다.

개업식에는 많은 병원 관계자가 참석했다. 개업 예배는 마크 스미스(IC 캄보디아 팀 리더)의 메시지, 한인 선교사회 회장(공 베드로 목사)의 축사 등으로 성대히 치러졌다. 캔드릭 병원 원장은 이라크 전쟁 참전 중 허리를 다쳐 장애인이 되어있었다. 그는 군의 선처로 의과대학에 입학하여 의사가 되었는데 이날 휠체어가 계단을 올라오지 못해서 2층 개업 예배에는 참석하지 못했다.

우리 부부의 일과는 오전 6시에 시작되었다. 7시까지 한 시간 동안은 크메르어 개인교습을 받았다. 캄보디아인 공 선생님이 우리 집으로 찾아와서 직접 가르쳐 주었다. 모든 선교부의 외국 선교사들은 처음 1년은 언어를 배우는데 전념해야했다. 2년 차가 되면 언어와 사역을 반반씩 하도록 허락되었다. 그런데 나는 빈민 치과 사역이 당장 시급해서 현장에 바로 투입되는 까닭에 아침마다 개인교습으로 크메르어 수업을 대체하게 되었다. 언어공부에 있어 내가 범한 가장 큰 시행착오는 회화 중심의 크메르어를 공부했어야 했는데 성경을 가르쳐야 한다는 마음이 앞서 고급 크메르어를 공부했던 것이다. 서민들이 사용하는 말과 달랐던 고급 크메르어는 실제 생활하는데 큰 불편을 주었을 뿐 아니라 성경을 가르치는데도 별 도움을 주지 못했다. 아침마다 크메르어 공부가 끝나면 나는 7시 30분까지 병원에 출근하여 30분 정도 경건의 시간을 갖고 8시부터 오후 5시까지 쉬지 않고 환자를 살폈다. 환자들은 주로 한인 선교사들과 OMF 선교사, 현지 목사님들, 그리고 기타 다양한 선교부 회원들이었다. 이들은 대부분 캄보디아에서 활동하는 선교사들이 추천한 빈민가 사람들과 그들의 가족, 군인들과 군인 가족들이었다.

병원은 분주하게 돌아갔다. 그 와중에 크리스천 인턴으로 함께 일을 시작했던 치과대학 7학년생 닥터 쏙하 미어스가 3개월 만에 더 나은 보수를 주는 병원으로 이직하고 자신의 친구인 마까라 인턴을 소개해주었다(2005년 말). 불신자였던 인턴 마까라는 나의 기도와 열심 그리고 사랑을 통해 마음 문을 열고 복음을 받아들였다. 결국 그는 세례를 받고 신실한 신자가 되었다. 그는 지금도 내가 물려준 ADC(American Dental Clinic) 병원을 잘 운영하고 있다. 쏙하가 갑자기 그만두면서 병원에 잠시 공백이 왔지만 하나님께서는 불신자 마까라를 다시 보내어 전도의 열매를 보게 하신 것이다. 내가 떠나올 때 환송행사가 있었는데 그때 마까라의 고백은 압권이었다. "처음에는 미국에서 잘 살던 닥터 조가 왜 이곳에 와서 고생하며 사는지 잘 이해가 되지 않았다. 무슨 꿍꿍이 속이 있을 거라고 생각했다. 그런데 시간이 지나면서 닥터 조 내외가 진실로 캄보디아인을 사랑하는 것을 보고 나도 예수님을 믿게 되었다"는 것이다. 그가 울먹이며 간증할 때 우리 내외는 말로 다 할 수 없는 감동과 위로를 받았다.

아쉬운 일은 그가 혼인을 앞두고 있던 시점에 내가 간곡히 크리스천 신부를 권면했는데도 이미 정해진 약혼녀가 있어서 믿는 신부를 거절한 것이다. 양가 부모가 이미 약속하고 약혼을 한 것이라 마까라도 어쩔 수 없었던 모양이다. 그는 신앙이 깊어지면서 결혼을 계속 미루었는데 그것은 예수님을 여전히 믿지 않고 고집이 센 약혼녀가 싫어서였다. 어느 날은 결혼식을 기다리다 못해 지친 신부 측에서 최후통첩을 해왔다. "이번 주 토요일에 결혼을 안 하면 파혼하고 양가는 원수지간이 된다"는 것이었다. 마까라는 더 이상 결혼을 미룰 수 없다는 것을 깨달았다. 닥터 마까라는 일주일을 남겨 두고 오는 토요일에 결혼식을 한다고 우리에게 알려왔고 그 주 토요일에 결혼식도 간소하게 치렀다. 캄보디아 결혼은 보통 한 달 전에 청첩장을 돌리고 결혼을 성대히 준비하는 것이 관례지만 닥터 마까라는 청첩장도 없이 혼례를 올린 것이다.

그의 부인은 아직도 예수님을 영접하지 않은 채 살고 있다. 슬하에 두 딸이 예쁘게 자라고 있지만 아직도 마까라의 부인은 집안에 불상을 들여놓아야한다고 자주 투정을 부린다고 한다. 그 때마다 닥터 마까라가 이를 물리치느라 애를 먹고 있다. 한번은 큰아이가 감기몸살로 자꾸 아픈 것이 집안에 불상이 없어 그런다고 부인이 불평하면서 "당신이 당신의 하나님께 기도하여 큰아이 병이 낫는다면 나도 믿겠노라"고 비아냥거리기까지 했다는 것이다.

"만일 우리의 복음이 가리었으면 망하는 자들에게 가리어진 것이라 그 중에 이 세상의 신이 믿지 아니하는 자들의 마음을 혼미하게 하여 그리스도의 영광의 복음의 광채가 비치지 못하게 함이니 그리스도는 하나님의 형상이니라."(고후 4:3-4)

예수 그리스도의 십자가와 부활의 능력이 닥터 마까라의 집안에 충만하여 그의 아내가 하루속히 주님의 품으로 돌아오기를 간절히 기도한다.

분주한 치과병원 사역

선교병원 안에서의 치과 사역은 아래와 같은 절차로 진행되었다.

1) 모든 환자들은 선교사의 소개를 통해서만 받는다. 일층에서 메디컬 테스트를 받고 치아에 문제가 있는 사람은 모두 이층 치과병원으로 보낸다.

2) 일층에서 올라온 환자들은 모두 이층에서 치료를 시작한다.

3) 치료비는 환자와 그들을 보낸 선교사가 공동으로 부담한다. 전액 무료는 절대 금지하고 단돈 1달러라도 지불하게 하여 자립심을 배양한다. 그런데 선교사들이 부분적으로라도 치료비를 책임져야 해서 나중에는 기공료가 들어가는 비싼 치료는 어려움을 겪었다. 선교사들의 도움이 없이는 불가능하다보니 선교사들에게도 부담이 되었다.

4) 선교사들은 때로 환자들을 직접 데리고 왔는데 이들은 일층의 메디컬 검진 없이 곧바로 치아 치료를 받을 수 있도록 도움을 드렸다. 치과 환자가 분명할 때는 일층에서의 번거롭고 복잡한 서류 절차를 생략하고 바로 이층에서 치료받을 수 있게 한 것이다.

5) 나와 친분이 있으면서 주변의 베트남 사람들을 돌보는 선교사나, 캄보디아 목회자들과 선교사들을 통해서 오는 환자들은 상대적으로 많은 혜택을 받았다.

6) 외국 선교사들은 물론이고 많은 한인 선교사들도 치료를 빋을때 우리는 그들에게서 치료비를 받았다.

7) 소수의 중국인들도 소문을 듣고 와서 치료를 받았다.

8) 모든 OMF 선교사들은 모두 내게로 와서 치료를 받았다. 아마도 다른 캄보디아 치과병원에 비해서 의사의 실력과 자질에 차이가 있었기 때문인 것도 갈고 또한 같은 OMF 선교사인 닥터 추 선교사 부부의 강력한 추천이 있기도 했다.

9) 특이점: 캄보디아 인구의 절반 이상이 치아의 문제점을 안고 있었다고 해도 과언은 아니다. 그래서 우리는 어느 곳을 가든지 환자가 없어 치료를 못하는 일은 없었다. 오히려 인력과 재원이 없어 그들을 충분히 돕지 못한 것이 안타까웠다.

진료실에서 진료와 치료를 하는 동안에 밖에서 대기 중인 환자를 대상으로 전도가 이루어졌다. 우리 선교 팀은 팀웍을 과시하며 진료와 전도에 전심을 다했다. 화술이 탁월했던 봉톰은 가난한 사람들에게 복음을 전해서 그리스도를 영접케 했다. 우리 병원에는 항상 치과대학 학생들이 와서 배우고 있었다. 임상실습을 할 만한 적당한 곳이 없었던 그들에게 우리 병원은 실습기회를 제공했다. 예비 선교사로서 인턴 십 기간 2년은 정신없이 바쁘게 지나갔다. 나는 정식으로 장기 선교사가 되기 위해서 다시 미국으로 돌아왔다. 우리는 이미 캄보디아에서 병원을 시작했고 그곳에 하나님의 뜻이 있다는 것을 확신했기 때문이었다. 나와 아내 티나 선교사는 2006년 8월 잠시 귀국하여 버크만(Birckman) 시험을 함께 통과하고, 장기 선교사(2006-2017년)로 재 파송을 받았다. 2006년 12월, 우리는 다시 벅찬 소망과 꿈을 안고 캄보디아로 귀임했다. 우리가 선교지를 비워 둔 사이에 닥터 마까라가 우리의 빈 공간을 훌륭하게 메워 주고 있었다.

치과 기공소 설립

치과를 운영하다 보니 자체 기공소가 절실하게 필요했다. 외부 기공소의 기술이 형편없어서 치아 인상(impression)을 새롭게 떠야하는 불편이 계속되었기 때문이다. 특히 국소 틀니의 경우는 많은 어려움이 있었다. 캄보디아는 유럽식 디자인을 따랐고 나는 미국식 디자인을 따랐으므로 캄보디아 최우수 랩에서도 나의 틀니 디자인을 처음 보는 것이라며 생소해 했다. 자연히 기공에 많은 어려움이 있었다. 이런 어려움을 극복하기 위해 2006년 우리는 자체 기공소를 설립하게 되었다.

그때 캄보디아 장로교 신학교에서 가르치시는 조봉기 목사께 여쭈어 보았더니 마침 미국 세리토스 장로교회 허성부 집사님이 선교에 뜻이 있다고 하시며 허 집사를 우리에게 소개했다. 알고 보니 허 집사는 미국 기공사로서 선교의 비전을 품고 있는 사람이었다. 그 분은 단기선교 비전 여행으로 캄보디아를 방문하셨다. 그때 우리는 조봉기 목사가 사역하고 있는 꼼뽕츠낭의 교회에 이동진료를 함께 나갔었다. 허 집사는 환자들에게 임시 틀니(Stay Plate)를 만들어 주었다. 단기선교가 끝난 후에 허 집사는 다시 오기로 약속하고 미국으로 갔다. 그리고 6개월 후 2007년에 허 선교사는 부인 허영자 씨와 중학생 아들을 함께 데리고 돌아왔다. 따님인 미쉘은 미국에서 대학을 졸업하고 직장생활을 하고 있었으므로 그녀는 미국에 남겨두고 오셨다.

나는 CDS 멤버들과 개인 후원자들에게 부탁해서 치과 기공소 설립을 위해서 28,000 달러가 필요하다고 알렸는데, 주님은 정확히 28,000 달러를 보내주셨다. 그래서 허성부 선교사(William Hur)는 기공소를 우리

병원 안에 차리게 되었다. 허 선교사는 4년 정도 성실히 봉사했으나 아들 알렉스의 학교 문제로 더 이상 남아 있지 못하게 되었다. 알렉스가 미국에서 학력인정을 받기 위해서는 미국에서 인정하는 국제학교에 다녀야 했는데 학비가 너무 비쌌다. 결국 2011년에 허 집사 가족은 미국으로 철수하게 되었다. 그래서 이 기공소는 내가 잠시 맡아서 운영하다가 독일 이반타딕 선교사에게 인계했다. 이반타딕 선교사가 떠나면서 다시 내가 기공소를 잠시 맡았으나 나중에는 허 선교사가 가르쳤던 제자들(책임자

는 소바나꼴, 나머지 둘은 쌈뿌아, 붙)이 그 기공소를 인수했다. 기공소는 지금도 운영 중이다.

허성부 선교사가 치과기공소 직원에게 기술을 전수하고 있다.

미국으로 귀국한 허 선교사 이야기를 좀 더 해보자. 그는 미국 샌디에고로 들어왔으나 2년 만에 담도암에 걸려 갑작스럽게 소천하고 말았다. 참으로 안타깝고 가슴 아픈 일이었다. 허 선교사는 자기가 살던 집에서 십만 달러를 신용 대출하여 선교비로 사용하다가 2008년 부동산 파동 때 집값이 크게 떨어져 많은 고통을 받았다. 결국 집을 은행에 넘기면서도 하나님을 끝까지 붙잡고 살았던 분이다. 그의 소천 소식을 들었을 때 우리는 안식월 중이었고 선교회 총회 참석 차 미국에 와 있었다. 허 선교사의 장례식장에서 나는 눈물의 추도사를 올렸다. 참으로 멋진 주의 용사 한 사람이 자신의 선교 소임을 다하고 주의 품에 안긴 것이다. 많은 사람이 그를 추모하며 그의 헌신에 고개 숙였다. 그 자리에는 CRM BAM 선교부 대표 스티브 홀(Steve Hall) 목사와 선교부원 짐 케이야(Jim Caya)도

오셨다. 그때 "내가 추도사를 제대로 다 끝낼 수 있을까"하면서 북받쳐오르는 감정을 억제하지 못하던 스티브 목사의 모습이 눈에 선하다. 허성부 선교사는 오늘을 사는 많은 그리스도인에게 지혜로운 청지기로의 삶이 무엇인지 교훈하고 가셨다. 허 집사의 큰 딸 미쉘은 직장생활을 하다가 다시 공부를 시작해 미국 약대에 합격했다. 병상에서 투병하면서 딸의 합격소식을 듣고 기뻐하던 그의 모습이 아직도 생생하다. 그는 미쉘의 기쁜 합격소식을 듣고 며칠 후 소천했다.

우리는 미국에서 캄보디아로 돌아오면서 이동진료 사역의 중요성을 미리 인식하고 있었기 때문에, 모바일 사역을 위한 치과 유니트(Aseptico) 두 대와 이동진료용 의자 두 대를 사서 귀임했다. 이제 7장 부터는 이동진료 사역의 현장을 소개하겠다.

캄보디아 문화체험 ▶ 모계사회 전통 2

캄보디아는 모계사회다. 재산은 딸들에게 분배되고 아들은 장가를 들면 처가에서 농사를 짓는다. 최근에는 젊은이들이 도시에서 직장생활을 하다 보니 결혼을 하면 6개월 정도 처갓집에서 살고 직장 근처로 이사를 나온다. 장녀들은 가족의 생계를 위해 봉제공장에 취직하여 일을 하거나 장사를 하다가 혼기를 놓치는 경우가 많고, 그러다보니 독신으로 지내는 경우도 허다하다. 캄보디아 사회는 전통적으로 집안의 장녀에게 동생들을 학교에 보내고 뒷바라지할 임무를 주었다. 앙상한 몸집의 젊은 여성들에게는 너무 가혹한 짐이었다. 부모는 얼마 안 되는 농지에 농사를 짓는다. 그나마도 여의치 않은 경우는 땅을 잃어버리고 가족 전체가 빈민으로 전락하곤 했다. 장녀들이 무너진 가계를 떠받치며 살아가는 것이다. 캄보디아에 독신 여성이 늘어나는 이유다. 우리 공동체 안에도 네 명의 여성이 독신으로 살고 있다. 결혼한 여성이라고 하더라도 장사를 하면 부인이 가게를 도맡고 남편은 옆에서 돕는 역할만 한다. 다만 군조직과 정치 분야는 남자의 독무대다. 현 정권이 공산 크메르 루주의 베트남인을 주축으로 구성되어 있기 때문에 공산정권에 순응하는 방식으로 정치에 참여하는 여성 정치가들이 꽤 있기는 하다.

"양들의 큰 목자이신 우리 주 예수를
영원한 언약의 피로 죽은 자 가운데서 이끌어내신
평강의 하나님이
모든 선한 일에 너희를 온전하게 하사
자기 뜻을 행하게 하시고 그 앞에 즐거운 것을
예수 그리스도로 말미암아
우리 가운데서 이루시기를 원하노라
영광이 그에게 세세무궁토록 있을 지어다 아멘."
(히브리서 13장 20-21절)

7장 이동진료 사역

캄보디아에서 이동진료 사역은 매우 시급하고 중요한 일이었다. 캄보디아 사람들은 단 것을 너무 좋아한다. 그들은 칫솔질할 환경도 되지 않아서 이환율(충치)도 매우 높았다. 그리고 어딜 가나 병원다운 병원이 없어서 거의 모든 사람이 치아 문제를 갖고 있었다. 어느 현장을 가든지 치과 진료 사역은 일손이 부족했다. 치과 진료 사역의 필요는 날로 증가했고 방문하는 곳은 언제나 환자(위급과 만성)들로 북적거렸다. 이동진료 사역을 나갈 때는 치과의사들 뿐 아니라 메디컬 의사들도 항상 동행했다. 이동진료 차량은 하나의 종합병원이었던 셈이다. 이동진료소는 주민들에게 의료 전 분야에 걸쳐 진료와 도움을 주었다. 이동진료 사역은 매년 6회 정도(가까운 지역 세 곳과 먼 지역 세 곳) 진행했다.

이동진료 사역 소개

대개 이동진료 사역은 교회 개척을 위해 각 나라에서 온 선교사들의 요청으로 이루어졌지만, 현지 정부 공무원들의 협조 없이는 이동 진료도 교회 개척도 가능하지 않았다. 우리는 선교의 목적을 위해 현지 공무원들과의 원활한 관계를 유지하는 데도 퍽이나 신경을 썼다.

첫째, 그들의 필요가 있을 때는 그들을 먼저 치료해 준 후 일반 환자를 치료했다. 현지 공무원과 좋은 관계를 유지하는 것은 외국인 선교사로서의 안전 문제와 효율적인 복음전도를 위해서 필수적으로 챙겨야 하는 일이었다. 우리는 환자를 치료하면서 꼭 간단한 충치 치료를 먼저 했다. 후일에 이를 빼는 것을 방지하도록 한 조치다. 이만 뽑고 충치 치료를 하지 않고 오면 그 충치가 진행되어 다음 방문 때 또 다른 이를 뽑게 된다. 의료진의 수고는 밑 빠진 독에 물붓기가 되고 마는 것이다. 계속되는 발치는 진정한 치료가 아니다. 건강한 치아를 보호하는 것이 무엇보다 중요했다. 충치 치료를 위해서 우리에게는 많은 장비와 시간과 전기가 필요했다. 시간이 걸리더라도 치아충전(filling)을 해야만 치과 환자를 줄여나갈 수 있었다. 그것이 또한 그 치아를 살리는 길이기도 했다.

우리는 구강 위생 교육도 병행했다. 칫솔질 하는 법과 치실 사용법 등을 가르쳤는데 시골 오지여서 치실 구하기가 쉽지 않았다. 칫솔은 우리가 나눠주었다. 우리는 가정에서 쓰는 실을 두 겹으로 해서 쓰도록 가르쳤다. 치료사역이 진행되는 사이에 현지인 전도 팀이 예수 그리스도의 복음을 전했다. 우리는 때를 얻든지 못 얻든지 복음을 전하며 의료 사역과 함께 전인 사역을 하는데 최선을 다했다.

둘째, 개척 선교사가 현지에서 사역을 시작할 때 의료 사역을 병행하는 것은 사람을 초대하고 현지인의 관심을 끄는데 매우 효과적이었다. 우리는 치료 사역을 하면서 동시에 전도 팀을 조직해서 함께 전도 사역을 병행했다. 그때 결신한 신자들의 명단을 작성해서 현지 선교사나 목회자들에게 인도했다. 그래서 현지의 선교사들이 그들을 양육하고 훈련할 수 있도록 후속 조치도 취해 드렸다.

셋째, 이미 자리를 잡은 현지 목사님들(EFC 모임을 통해서)의 요청으로 현지에 직접 나가서 진료함으로 그분들의 사역에 많은 도움을 드릴 수 있었다.

교도소 사역

우리 팀원 중에 깜뽓에서 사역하는 힙힘(Heap Him) 선교사는 장애인 사역을 하면서 교도소 사역도 정기적으로 병행했다. 2006년부터는 교도소 안에서 Peace Builder Life Skills(PBLS/ 재소자들에게 특별히 고안된 인성개발교육 프로그램) 교육을 시작해서 지금까지 계속하고 있다. 우리는 동역자가 되어 함께 교도소 사역을 진행하기도 했다. PBLS는 재소자를 위해 특별히 고안된 인성교육 프로그램이었다. 하나님 사랑을 가르침으로써 재소자들이 마음의 평화를 찾을 수 있도록 돕는데 그 결과는 교도소 내에서 싸움이 줄어드는 것으로 가시화했다.

현지의 침례교 지도자(증경 총회장) 까까다 목사의 아들이 베트남 국경 근처에 있는 깜뽕짬 교도소에 갇힌 일이 있었다. 그를 돕기 위해서 교도소 진료 사역을 세 번이나 갔었다. 우리는 그곳 교도소에서 직원들 뿐 아니라, 죄수들도 치료하면서 복음을 전할 수 있었다. 그리고 깜뽕짬의 동료, 다이안 모스(Diane Moss)가 헌신하고 있는 선라이즈 에이즈 호스피스(Sunrise AIDS Hospice)를 방문한 적도 있다. 그곳은 에이즈 결핵 환자를 돌보는 곳이었다. 그곳의 요청으로 시내 교도소를 함께 방문하여 치료 사역을 하기도 했다.

다이안 모스의 사역
(에이즈 치료와 결핵 치료사역 및 호스피스 사역 디렉터)

선라이즈 에이즈 호스피스 사역(Sunrise AIDS Hospice)은 에이즈와 결핵 치료 사역 및 호스피스 사역을 위해 2001년 CRM의 빈민선교부(InnerChange) 산하 기관으로 설립되었다. 그때 다이안 모스가 디렉터였다. 처음 2년간은 민간인을 대상으로 홈베이스 케어(Homebase

Care)와 호스피스 사역을 했다. 그 후 2003년부터는 깜뽕찜 교도소 (Kampong Cham Prison)에서 호스피스 사역을 시작했다. OMF 선교회를 비롯해서 타 선교부에서도 다이안 모스의 에이즈 치료와 호스피스 사역을 후원하고 도왔다. 그 당시 결핵환자는 가정방문을 통해서 치료했고, 에이즈 환자는 격리 수용을 통해 사역했다. 그 당시 HIV에 의한 에이즈 환자가 전체 인구의 약 15퍼센트였으며 그들은 감염으로 죽어갔다. 에이즈 퇴치를 위해 선라이즈는 매년 10만 달러의 예산을 들였고, 미국에 있는 후원 그룹이 2016년까지 지원하여 효과적인 사역이 이루어지고 있었다. 그때 이미 다이안 모스는 루마니아의 팀 리더로 떠난 이후였고, 팀 리더(마크 스미쓰)의 부인인 수잔 스미스(Susan Smith)가 새롭게 리더로 부임해서 책임을 맡게 되었다. 2016년 이후부터는 미국의 후원그룹의 지원이 끝났지만, 선라이즈 에이즈 호스피스 기관은 모금활동을 통해 사역을 계속하고 있다. 호스피스 환자는 많지 않고 주로 결핵환자들이었다. 선라이즈는 지금도 캄보디아의 결핵 퇴치에 안간힘을 쓰고 있다. 그녀는 가정을 방문하여 에이즈 환자들에게 약을 나눠주고 치료도 직접 했다. 지금은 UN과 여러 NGO의 도움으로 에이즈 환자 비율이 전체 인구의 약 0.5퍼센트로 낮아졌지만 결핵은 캄보디아에서 여전히 퇴치하지 못한 큰 질병으로 남아 있다.

나는 호스피스 사역의 디렉터인 다이안 모스를 생각할 때마다 한 고아소년과의 만남을 잊을 수 없다. 나는 그 소년과의 추억을 '내가 만난 예수'라는 제목으로 글을 써 기고하기도 했다.

"내가 만난 예수"
다이안 모스(선라이즈 에이즈 결핵 호스피스 기관 디렉터)는 정부가 운영하는 고아원을 돕고 있었다. 어느 날 그녀는 우리 치과 팀을 초대하여 치과 진료를 부탁했다.

우리는 새벽 일찌감치 한국에서 파송 받아 온 최정규 치과 의료 선교사 팀과 함께 깜뽕짬 주 고아원에 도착했다. 차에서 장비를 내려 재료들을 실내강당으로 옮기는데 고아원생들도 작은 물건들을 날라 주었다. 그때 키가 작은 10살 정도의 소년이 열심히 약품 상자를 들어 나르는 것이 눈에 띄었다. 아이는 다른 아이들보다 유난히 키가 작았다. 시간이 되어 치료를 받을 환자들에게 번호표를 나누어주었는데, 키 작은 소년은 10번을 받았다. 우리는 하루 종일 고아원생들을 치료했다. 직원들이 동네 사람들까지 모셔오는 바람에 진료와 치료는 오후 5시가 훨씬 넘도록 계속되었다. 나는 허리가 끊어질 듯한 통증을 견디며 환자를 돌봤다.

내가 일을 마치고 막 일어서려는 참에 여직원이 한 소년을 데리고 왔다. 10번을 받은 키 작은 그 소년, 짐을 열심히 나르던 그 소년이었다. 나는 10번인 소년이 왜 아직까지 치료를 받지 못했는지 물었다. 그 소년은 농아였다. 자기 번호가 불리는 것을 듣지 못해 여태 기다리고 있었다는 것이다. 나는 허리통증을 접어두고 다시 의자에 앉아 소년의 입안을 검사했다. 누런 치석이 아이의 온 치아를 덮고 있었다. 다행히 놀랍게도 충치는 하나도 없었다. 시간이 걸렸지만 나는 정성껏 치석을 모두 제거하고 칫솔질 하는 법을 가르쳐 준 후 아이를 돌려보냈다. 자리를 뜰 때는 밤이 한참 늦었다. 피곤한 몸을 이끌고 버스를 타고 오면서도 마음은 뛸 듯이 기뻤다. 소년의 얼굴이 밝게 떠올랐기 때문이다. 작은 키에 잘 듣지도 못해서 힘도 없어 보였던 소년, 그러나 누구보다 열심히 우리를 도우려 했던 그 착한 소년, 나는 지금도 마지막까지 치료를 받지 못하고 선생님 손에 끌려 나에게 왔던 그 아이가 바로 나에게 오신 변장한 예수님이 아닌가 생각한다. 먹먹한 마음으로 그러나 한없이 기쁜 마음으로 나는 집으로 돌아올 수 있었다.

몬돌끼리의 데이브 에버렛 사역

또한 우리 팀원인 데이브 에버렛이 사역하고 있던 몬돌끼리(품 예수/예수마을)는 우리 팀이 처음으로 나가는 먼 오지 진료 사역이었다. 그곳은 하루 종일 운전을 하고 가야했다. 길은 포장이 안 되어 있었다. 장비를 실은 트럭이 진흙탕 길에 빠져서 견인차가 와서 끌어내는 소동까지 벌여야했다. 남쪽 시아누크 지역은 꽤 길이 좋은 편이었지만 동부 꼬꽁 지역은 다리가 없어서 두 개의 강을 건널 때는 두 번 페리를 타고 차와 사람 모두를 배에 싣고 큰 강을 건너야 했다. 지금은 다리가 완공되어 훨씬 빨라졌다. 격세지감이다.

씨엠빵의 아넷(Annette)의 사역과 분찬 목사의 사역

영국 와이엠(YWAM) 독신 선교사 아넷이 사역하던 스텅트랭(Stung Threng)주의 씨엠빵(Siempang)은 세 번이나 갔었다. 캄보디아 정 북부 라오스 접경에 있는 마을이었다. 주변은 모두 산지였다. 사람들은 피부색이 하얗고 눈이 컸다. 이들은 캄보디아 내의 소수 민족이었다. 와이엠이 강물을 식수로 전환하는 사업을 현지인 직원과 함께 하고 있었다. 아넷은 그곳에서 교회 개척을 하고 식수 사역을 돌보고 있었다. 그녀는 8년 동안이나 조그만 발전기 하나로 견디면서 전기도 없는 그곳에서 사역하고 있었다. 최근에 아넷 선교사로부터 소식이 왔는데 2019년 전 와이엠 선교사와 결혼하여 영국 해안 섬(Isle of Man)에서 행복하게 살고 있다고 한다.

아넷 선교사와 함께 사역하는 분찬 목사(Bun Chan)는 목수 일을 하면서 씨엠빵 교회와 세 곳의 산 속 지교회를 돌보고 있었다. 그분이 목수이므로 교회 짓는 일도 크게 도왔다. 와이엠은 교회 건물은 지어주지 않는다. 현지인들 스스로가 짓도록 하기 위함이다. 그래서 분찬 목사는 조그마한 교회를 3년이나 걸려 완공했다. 우리가

Annette Jandrell 선교사

사역을 마치고 돌아갈 때는 전 교인을 초청해서 파티도 열어주었다. 그런데 내가 세 번째 씨엠빵 이동 진료를 나갔을 때 안타까운 소식을 들었다. 너무 강렬한 캄보디아의 햇빛 때문에 분찬 목사는 눈에 내장이 끼어 거의 실명했다는 것이다.

분찬 목사는 참으로 귀한 목자였다. 우리가 마지막으로 그분을 뵌 것은 3차 씨엠빵 이동진료 때였다. 첫날 월요일 진료가 끝난 후에 그 교회 장로님께 "분찬 목사님이 안 보이는데 무슨 일이 있느냐"하고 물었다. 그때 분찬 목사가 거동이 많이 불편해서 못 나오신다는 말을 들었다. 그래서 하루는 일을 일찍 끝내고 이철 선교사와 함께 분찬 목사 집을 방문했다. 전통초가인 집은 곧 쓰러질 듯 허름했다. 집은 약간 옆으로 기울어 있었고 마루는 삐거덕거렸다. 목사님은 차마 알아볼 수 없을 정도로 허약해 있었다. 그곳에 사역을 시작한지 불과 12년 만에 그렇게 몸을 상한 것이다. 분찬 목사는 부인과 단 둘이 살고 계셨다. 우리는 두 분의 삶의 모습을 보며 충격을 받았다. 이미 수술도 늦은 상태여서 시력을 거의 잃어버렸는데도 분찬 목사는 여전히 아름다운 세상을 바라볼 수 있어 감사

하다고 말했다. 우리는 이동진료 다음 날 아침 첫 번째 환자로 분찬 목사를 모셔와 치료해 드렸다.

우리는 분찬 목사를 뵙고 오면서 참 목자로 이 땅에 오셨던 예수님을 생각했다. 예수님처럼 분찬 목사도 목수로서 교인들과 함께 손수 이층 교회를 지어 멋지게 완공했지만, 정작 본인은 초라하고 허름한 집에 살기를 마다하지 않았다. 그분은 욕심도 사심도 없이 예수님의 사랑을 실천한 참 목자였다.

"양들의 큰 목자이신 우리 주 예수를 영원한 언약의 피로 죽은 자 가운데서 이끌어내신 평강의 하나님이 모든 선한 일에 너희를 온전하게 하사 자기 뜻을 행하게 하시고 그 앞에 즐거운 것을 예수 그리스도로 말미암아 우리 가운데서 이루시기를 원하노라 영광이 그에게 세세무궁토록 있을 지어다 아멘."(히브리서 13:20-21)

캄보디아의 한인 독신 여성 선교사들

이제 잠깐 독신 여성 선교사들과의 만남과 사역을 기억해보도록 하자.

이미 언급한 다이안 모스 선교사나 아넷 선교사 외에도 잊을 수 없는 한인 독신 여성 선교사들이 있다. 우리는 이 분들의 노고를 조금이라도 위로하기 위해 크리스마스 시즌이 오면 메콩 강이 내려다보이는 멋진 식당에서 몇 해 동안 계속 만찬을 대접했다. 우리가 2004년 8월에 캄보디아에 도착한 후 가장 먼저 눈에 띈 것은 여성 독신 선교사들의 사역과 그들의 애쓰는 모습이었다. 캄보디아 한인 선교사회에 가입한 날, 정식회의에 앞서 여성 선교사들이 단상에서 찬양을 인도하며 율동을 했는데 그때 율동을 멋있게 하던 분이 김유선 선교사였다. 나는 김유선 선교사에게 다가가 율동과 찬양에 감명을 받았다며 인사를 건넸다. 나는 나중에 그녀가 속한 이화여자대학 동문들이 결성한 이화선교회(현재 VESSA)의 기도 모임에도 참가하면서 이화선교회 책임자인 김길현 선교사와도 자연스럽게 교분을 맺게 되었다.

캄보디아에 들어오신 순서대로 여성 선교사님 몇 분을 대략 소개하면 아래와 같다.

제1호 김인순 선교사는 1996년 5월에 들어와서 북서쪽 귀퉁이 크메르 루주가 마지막까지 항전했던 파일런에서 사역하신다.

제2호 김정영 선교사는 1996년 8월 프놈펜 남쪽 따끄마으에서 고아원과 유치원 사역을 시작했다. 그때 ICF 선교사 교회와 담임목사였던 그램 칩(Gram Chipp) 목사를 이사장으로 모시고 시작했다. 최근 2017년에는 초중고 교사를 착공하여 현재도 공사 중이다.

제3호 차연미 선교사는 한국 와이엠(YWAM) 소속으로 1996년 11월에 도착했다. 태국 국경에서 사역을 시작해 현재 프놈펜 교외 껀달에서 중고등 남녀 학사 사역을 하신다.

제4호 김혜련 선교사는 GMS 소속으로 1999년 1월에 프놈펜 담꼬 마을에 담꼬 교회를 개척하고 학사 사역을 했다.

제5호 정순영 선교사는 GMS(예장합동) 소속으로 1999년 4월에 도착하여 민체이(쓰레기 처리장 근처)에 호산나 초등학교를 개설하여 극빈자 아동교육에 주력했다. 2012년 결혼한 후에는 공항 근처 포챈통으로 이사하여 김항철 선교사가 운영하던 중 고등학교를 통합하고 교장으로 취임하여 그 학교 이름을 호산나 학교(유 초등부터 고등학교)로 개칭했다.

제6호 윤옥 선교사는 국제기아대책 소속으로 1999년 10월에 도착하여 유치원과 방과 후 공부방을 운영했다. 윤 선교사는 우리가 속한 ICF

교회 멤버였다.

제7호 이철희 선교사는 이화선교회 첫 번째 선교사로 2001년 1월 프놈펜 시내에서 아이들을 위한 공부방 사역을 시작했다. 이 선교사는 간호사였다. 현재는 꼼뽕스프 이화학교 근처 마을에 보건소를 세워 운영하고 있다. 이 선교사는 프놈펜 대학 국문과를 졸업하여 현지어에 능통하다.

제8호 이계광 선교사는 2001년 12월에 도착하여 영락교회가 세운 프놈펜 기술학교에서 오랫동안 사역했다. 2005년 결혼 후 공단 사역과 교회 개척 사역을 했다. 결혼 전에는 한인선교회 부회장으로 탁월하게 일을 했다.

제9호 유남숙 선교사는 GMP 합동 소속으로 2003년 12월에 도착하여 껀달주에 교회를 개척했다. 최근 초등학교를 설립하여 운영하고 있다. 2015년 최경호 목사와 결혼했다.

제10호 김유선 선교사는 2004년 9월에 도착하여 이화선교회(현 VESSA)에서 설립한 이화스런 유치원, 초등학교, 중학교 교장으로 섬기고 있다. 초기 음악학교를 개설하여 현지인 반주자들을 양성했고 현지어에 능통하다.

제11호 유정미 선교사는 둔전교회 파송으로 2004년 11월에 도착하여 내가 살던 바로 옆집에서 유치원을 시작했다. 그녀는 천성적으로 어린이들을 좋아하는 성

김유선 선교사

품이었다. 우리와도 곧 친해졌다. 나중에는 유치원이 없는 따께오로 내려가 유료 유치원을 설립하여 성공적으로 운영하고 있다. 그녀는 현지인

유치원 선생을 양성하며 시골 깊숙한 지역으로 들어가서 초등학생 공부방을 열어 현지인들을 돕고 있다.

제12호 이남주 선교사는 2005년 5월에 도착한 음악 선교사로 ICF 교회의 반주자로 수고했다. 2017년에는 싱가포르 신학교에 들어가서 석사학위 과정에 있다.

제13호 강동남 선교사는 2005년 5월에 도착했다. 그런데 그분은 프놈펜에 선교사가 많으므로 멀리 북부 태국 접경지역인 쁘레아비히어에 올라가 교회를 개척했다. 그곳에서 제자들을 양육하며 고등학교 여학생들과 함께 지낸다. 현지인 독지가가 큰 부지를 기부해서 현재 학교를 짓고 있다. 큰 부지를 기부한 그 분은 프놈펜에서 사역하는 문찬식 선교사의 학사에서 진실한 크리스찬이 된 분으로 자기 고향인 쁘레아비히어의 고위 공무원이 되었다. 우리는 새 학교 부지 안에 우물을 파 주었다. 프놈펜에 오면 꼭 우리 집에서 머물며 쉬었다 가셨다.

제14호 조 에스더 선교사는 오렌지카운티 풀러톤에 소재한 뉴라이프 선교교회(박영배 목사) 파송 선교사로 2006년에 도착했다. 그녀는 캄보디아로 오기 전 인도네시아 칼리만탄에서 3년간 간호사로 선교병원에서 사역했다. 곧바로 깜뽓 시골로 내려가 중 고등학생 공부방을 오픈했다. 2017년에 그녀를 파송한 뉴라이프 선교교회에서 사역을 크게 확장하기로 하고 초중고 교사를 신축 중이다. 그녀는 언어에 능통하고 현지에서 같이 살면서 모범을 보이는 선교사다. 인도네시아에서 치료가 안 되는 말라리아에 걸려 몸이 쇠약했는데 이곳에서도 자주 재발하여 많이 고생했다. 우리 치과 팀이 데이비드 구(David Koo) 선교사와 함께 두 번이나 가서 진료했다.

제15호 이시은 선교사는 DMS(예장 대신) 파송으로 2016년 11월에 도착하여 헤브론 병원에서 제자훈련과 어린이 사역을 감당하고 있다. 그분은 활달한 성품의 선교사다.

이상 열다섯 명의 한인 여성 독신 선교사들은 직간접적으로 함께 캄보디아에서 동역한 신실한 사역자들이다. 우리 치과 진료 팀은 그분들의 요청이 있을 때마다 나가서 사역을 도왔다.

프리뱅의 짐 스튜어트 선교사의 사역

남동쪽에 위치한 프리뱅(Prey Veng)주의 침례교 선교사 짐 스튜어트(Jim Stewart & Debby Stewart) 내외의 요청으로 우리는 세 번이나 이동진료 사역을 나갔다. 그분들의 사역은 우리가 본받고 싶은 것이었다.

Jim Stewart 선교사(뒷줄 가운데)

그들은 오지 산간벽지의 부족 안에 집을 짓고 살면서 그들과 동고동락했다. 대부분 한인 선교사들이 산간오지나 벽지에 들어가기를 꺼려하지만 이분들은 동네 사람들과 똑같이 맨발로 다니면서 그들과 함께 생활했다. 이동진료 사역을 할 때마다 부인 선교사 데비는 간호사 출신답게 동네마다 돌아다니면서 시간과 날짜를 정해주었고, 적은 돈(한화로 100원 정도)이라도 미리 등록을 받아 환자들에게도 책임감을 갖게 했다. 덕분에 체계적이고 질서 있게 사역할 수 있었다. 그들은 돈을 지불했기에 진료에 빠지는 일이 거의 없었다. 그들에게도 좋은 훈련이었고 우리 치과 팀에도 효율적인 일이었다. 또한 그 동네의 산간에 보건소를 지어줄 정도로 헌신적이었다. 그곳에 사는 여신도의 틀니를 허성부 치과기공 선교사가 만들어주었는데 그녀가 얼마나 좋아했는지 지금도 틀니를 끼고 활짝 웃던 그녀의 얼굴이 아른거린다. 그때 그 웃는 모습을 보고 데비 선교사가 "백만 불짜리 미소"라고 말

틀니를 끼고 "백만 불짜리 미소"를 짓고 있는 여신도

한 것이 생각난다. 그 여신도 뿐 아니라 바탐방(Battambang)에서도 위쪽 앞니가 없어 평생을 손으로 입을 가리고 다니던 젊은 애기 엄마가 새 틀니로 앞니를 복원한 후 뛸 듯이 기뻐한 모습을 짐 프라이스(Jim Price) 목사가 간증으로 알려주었다. 프라이스 목사는 다이아몬드 바의 캐년 그리스도(Canyon Church of Christ) 교회의 담임목사다. 이 다이아몬드 바의 캐년 그리스도 교회는 태국 접경 서부지역에 있는 바탐방에 신학교를 설립하고 그 지역의 교회를 개척하는데 큰 성과를 거두었다. 프라이스 목사는 지금도 신학교에 강의를 하기 위해 매년 방문한다. 우리도 그곳에 두 번이나 이동진료를 나가서 도왔다. 그때마다 교회들은 트럭으로 시골마을 교인들을 실어 날렸다.

라타나 끼리의 크렉 멜로우(Kreg Mallow) 사역

베트남과 국경지역에 위치한 북동부의 라타나 끼리에는 크렉 멜로우(Kreg Mallow)가 교회 개척사역을 하고 있었다. 멜로우 선교사는 OMF 선교사로 치과의사요 목사였다. 우리는 거기에도 세 번이나 치료 사역을 갔었다. 그분은 나의 사역에 많은 도움을 주었다. 그는 할 수만 있으면 자기 사역지가 아닌 곳에도 나의 모바일 사역에 항상 동행해 주었다. 멜로우 선교사는 이동진료를 즐기셨고 또한 매우 중요한 사역이라고

생각했기 때문에 언제나 즐거움으로 동행했다. 부인 제니(Jenny) 선교사는 미국에서 만난 캄보디안으로 함께 효과적인 사역을 했다. 어느 날 우리는 깊은 산속에 사는 스위스 출신의 성경번역 선교사 재키

Kreg Mallow 선교사(왼쪽)

조디를 만났는데 그곳에서 현지인 직원들과 함께 성경번역 사역을 하는 영광스런 광경을 보았다. 그 사건이 인연이 되어 재키 선교사는 십년이 넘도록 프놈펜에 내려오면 나에게 와서 치료를 받곤 했다.

따베의 황기수 선교사 사역

프놈펜 남쪽 꼰달 주의 따베라는 동네에는 황기수 장로(필라델피아의 고신교회/ 부인 전신자 권사)가 선교사로 사역하고 있었다. 황 선교사는 웹(WEC) 출신으로 교회개척에 신실하셔서 우리 부부는 주말이면 가끔씩 가서 함께 예배를 드리곤 했다. 그는 치과 사역을 너무 좋아해서 우리를 자주 불렀다. 거리도 가깝고 해서 이동진료 사역을 열 번도 넘게 나갔던 것 같다. 그곳 교인들과 따베 지역 사람들이 많은 도움을 받았다. 그는 어려운 치료가 있을 때는 교인들을 직접 데리고 프놈펜의 ADC 치과병원을 방문하기도 했다. "내가 사랑하는 동역자들(13장)" 편에서 좀 더 깊이 황기수 선교사를 소개하고 싶다.

깜뽕짬의 백신종 선교사 사역

백신종 선교사는 일찍 캄보디아에 오셨다. 그는 크메르어를 공부 한

후 다른 사람들이 선호하는 수도 프놈펜에 있지 않고 지방도시 꼼뽕짬으로 내려가서 교회를 개척하여 활발하게 사역했다. 언어공부는 계속 열심히 하셨는데 젊은 분이라 컴퓨터에 언어 자료들을 넣고 계속 언어를 익히는 데에 열심이었다. 인품도 좋고 실력도 좋아 나에게는 매우 인상적이었다. 당시 한인 선교사들 중 그분은 모든 면에서 뛰어나 기대가 컸었다. 그는 치과 사역을 높이 평가하여 미국에서 오는 팀을 세 번이나 초대했는데 한 번은 본 교회에서, 두 번째는 꼼뽕짬에서 좀 더 들어간 농촌 마을에서, 마지막은 메콩 강 가운데 있는 섬에서였다. 나중의 두 곳은 미래에 지교회를 목표로 하신 것 같았다. 또한 유치원을 설립해서 미국에서 오신 하혜자 선교사가 맡아 운영했고 고아원도 상당한 규모의 자체 건물을 짓고 운영했다. 고아 아이들의 치과 진료는 프놈펜 나의 치과에 데려와서 치료를 받도록 했다.

사역이 한참 무르익어가는 중에 백 선교사는 장인인 총회신학 총장 강 목사로부터 총회 신학 교수가 되어야 한다는 강력한 권유를 받는다. 미국 시카고 유니온 신학 박사 과정을 시작하라는 권고였다. 그는 무척 고심하다가 결국 미국으로 떠났다. 그가 떠나고 난 후 그동안 열정적으로 진행했던 사역들은 내리막길을 치달았다. 캄보디아 선교를 위해서는 참으로 애석한 일이었다. 그는 박사학위를 받은 후에 총회 신학교 교수로 가지도 못하고 메릴랜드 주의 규모 있는 한인 교회 목사로 초빙 받아 시무하고 계신다. 이것은 한 캄보디아 선교사의 사역을 좌절시킨 가슴 아픈 사례로 내 뇌리에 기억되고 있다.

먼 곳과 가까운 곳의 사역
이외에도 우리는 산간벽지와 교도소, 고아원을 수시로 방문하여 우리가 돌아오기까지 10년에 걸쳐 약 71회 진료 사역을 완수했다. 미국 의료 팀이 방문하면 주로 먼 곳(프리뱅, 몬둘끼리, 씨앰빵, 꼬꽁등)에 데리고 가서 사역했다. 그리고 가까운 곳은 우리 부부와 현지 스텝진이 함께 사흘 정도 병원 문을 닫고 다녀오곤 했다. 14년 간 이동진료를 통해 보살핀 환자들은 대략 치과환자 26,052명과 메디컬 환자 12,350명이었다.

돌아 보건데 이동진료 사역은 치과 의료 혜택을 받지 못하는 캄보디아 사람들에게 의료혜택을 줄 수 있어 매우 귀한 사역이었지만, 여러 가지 점에서 결코 쉽지 않은 사역이었다.

첫째, 팀원 중의 한 사람이 미리 답사를 다녀와야 했다(전기와 숙박시설 유무 확인).

둘째, 중형버스 대절부터 시작해서 갖가지 장비를 싣고 가야했다(10시간 정도 운전).

셋째, 월요일부터 금요일까지 치료할 치과 장비들과 기구들을 미리 진열해 두어야만 효과적인 치료사역이 가능했다.

넷째, 복잡한 치료는 할 수가 없었다(설비장비 부족과 시간의 제약 때문).

이동진료 사역(모바일 사역)은 병원 빈민 사역 중에서 1/3정도의 비중을 차지하는 사역이었다. 그러나 많은 장비와 인원과 경비가 소요된다는 점과, 완전 치료에 한계가 있다는 점(모든 장비와 설비가 부족하고, 시간에 쫓김)들이 어려움을 주었다. 사실 모든 게 한계 안에 있었지만 우리는 예수 그리스도의 사랑으로 그들을 찾아가서 최선을 다해 섬겼다. 참으로 값진 사역이었다. 이동진료는 수많은 어린이들과 청소년들의 앞니와 6세 구치(어금니)를 살렸다. 그 치아는 평생을 써야하는 중요 치아이기 때문이다.

[조원제 선교사의 단상] "이동진료 사역을 회고하면서"

  71 차례에 걸친 이동진료 사역에 담긴 추억들을 돌아보며 몇 가지 소회를 말하고자 한다. 우리는 우리를 필요로 하는 곳이면 어디든 달려갔다. 우리는 사역을 위해 언제든 집을 떠날 준비가 되어 있었다. 거기가 오지여도 괜찮다. 우리는 불평 없이 농가에서 그들과 함께 잠을 잤다. 사역지 가까운 곳에 게스트 하우스가 있으면 행운이라 여겼다. 그러나 시골이나 산간 오지에 그런 시설을 기대하기는 어려운 일이었다. 시골 농가는 대개 나무로 지어진 이층 구조다. 가난한 집의 지붕은 야자수 잎으로 좀 있는 집은 기와로 지붕을 씌웠다. 이층에는 사람이 자고 아래층에는 가축을 재운다. 비가 많이 와서 범람하면 때로 집이 물에 잠기기도 한다. 그래서 이층이지만 아래층 기둥이 높고 계단은 좁고 가파르다. 이동진료 팀은 서너 농가에 분산되어 자게 되는데 그때 얇은 매트리스와 모기장은 필수품이다. 모기장 없이 잠을 잤다가는 좀 과장하면 하룻밤 사이에 모기가 우리를 모두 다 뜯어먹어 버린다.

  사실 모기보다 더 무서운 건 화장실이다. 화장실이 따로 없다. 뒷마당이 변소다. 밤중에 변을 보려면 손전등을 켜고 비좁고 가파른 계단을 조심스럽게 내려가 캄캄한 밤하늘의 쏟아지는 별 아래, 벌레 울음소리를 들으며 쪼그리고 앉아 있어야 한다. 매우 낭만적이나 곤혹스런 추억이다. 그냥 아침까지 잠을 자야지 만약 한밤중에 일어나 한 번이라도 소변을 볼라치면 그건 고역이었다. 부엌은 위층에, 대나무로 엮은 마루 한 귀퉁이에 있다. 이 부엌에서 잘게 쪼갠 나무로 불을 지펴 요리를 한다. 전기가 들어오는 집은 드물다. 밤을 밝히는 등불은 배터리에 연결된 조그만 전구라 겨우 주변 사물을 분간할 수 있을 정도다. 책을 읽는 것은 불가능하다. 해가 떨어지면 거의 할 일이 없으므로 초저녁부터 잠을 청하기 위해 자리에 눕는다. 모기장 속에 누워 윙윙대는 모기의 합창을 듣고 있으면 어쩐지 음률이 만들어지기도 한다. 나는 모기 음률에 맞춰 지구촌에 흩어진 후원자들을 위해 기도를 읊조린다. 소중한 한 분 한 분의 이름과 얼굴과 사역을 떠올리며 기도하다보면 잠이 든다. 그러나 너무 피곤해서 잠이 빨리 들지 않을 때는 하는 수 없이 100까지 헤아리기도 한다. 마지막 기도는 아침이 올 때까지 잠에서 깨지 않고 오롯이 깊은 잠에 빠지는 것이었다.

어쩌다 손님용 숙소가 있는 곳은 마을이 좀 큰 곳이었다. 문제는 밤이 깊어지면 그 큰 마을의 개들이 일제히 울어댄다는 것이다. 그 괴상한 울음소리가 단잠을 방해한다. 긴 신음소리 같은 흉측한 울음소리가 들리기 시작하면 동네 모든 개들이 다 따라서 합창을 한다. 어찌나 그 소리들이 크고 음산하지 숨을 죽이며 잠을 청해야할 정도다. 캄보디아인은 개를 좋아한다. 사방천지가 개 천지다. 그래서 산책을 나갈 때는 꼭 막대기를 들고 다녀야 한다. 주인이 개 줄을 사용하는 경우가 거의 없기 때문이다.

마지막 해였던 2018년 10월 1일이었다. 나는 임시 숙소에서 새벽에 산책을 나갔다. 산책길에 서너 마리의 개가 놀고 있었는데 갑자기 한 마리가 달려들어 나의 왼쪽 무릎을 물어서 피가 흘렀다. 하필 그날은 일요일이어서 파스퇴르 랩이 문을 닫아 광견병 예방 백신을 맞을 수도 없었다. 주변의 큰 병원 응급실에 전화를 해봐도 그곳에 백신이 없었다. 할 수 없이 하루를 기다려 월요일에서야 파스퇴르 랩에 가서 주사를 맞을 수 있었다. 매주 1회씩 3주간 백신을 맞았다. 그 개도 관찰했는데 다행히도 광견 증상은 보이지 않아 안심했던 경험이 있다. 우리가 2004년 캄보디아에 도착했을 때 우리가 맞아야할 네 가지 예방주사 중 하나가 광견병 예방 접종이었다. 그러나 10년 전에 맞은 것은 이미 효력이 없어서 다시 맞아야했던 것이다. 광견병에 관한 두려운 추억이 있던 나로서는 그때 심하게 스트레스를 받았다. 한국에서 군 생활을 할 때였다. 내가 근무하던 이동 외과 병원으로 전방에 광견병 환자 한 사람이 후송되어 왔다. 우리는 아무런 손도 쓰지 못한 채 원주 후송 병원으로 환자를 보내고 말았던 것이다. 일단 발병하면 치료는 불가능하고 죽기만을 기다리는 게 광견병이다. 50년이 훨씬 넘은 기억이지만 6.25 전쟁이 막 끝난 시기, 내 고향 전남 고흥 읍에도 광견병이 창궐했다. 그때 경찰이 동네의 모든 개를 총살하던 모습이 아직도 눈에 선하게 남아 있다.

발전기(Generator)는 이동 치과 진료 사역에 필수품목이다. 충치를 빼는 데는 전기가 필요 없다. 그러나 치아를 살리기 위해서 필링을 하려면 반드시 전기가 있어야 한다. 그래야 유닛을 돌릴 수가 있다. 최소한 5KW 발전기 하나를 가지고 가야하는데 때로는 그것마저 고장이 날 때가 있다. 그때마다 버스 운전사인 쌔잉 씨가 카브레터를 뜯어 고치는데 우리는 그때 모두 조마조마한 마음으로 옆에서 기도하곤 했었다. 멀리에 있는 기술자를 불러오려면 시간이 걸리기도 했지만, 발전기를 고칠 때까지는 모든 치료 사역을 중단해야 했으니 여간 골치 아픈 게 아니었다. 한번은 현지 목회자가 발전기가 있으니 염려하지 말고 오라고 해서 발전기 없이 간 적이 있었다. 그런데 막상 가보니 품질이 떨어지는 중국제 발전기여서 외형은 크지만 출력이 낮아 유닛을 돌리지 못했다. 그 후 우리는 무조건 5KW 발전기를 싣고 이동진료 사역을 다녔다. 1년 정도 쓴 후 중고로 팔고 다시 새 것을 구입하곤 했다. 사역의 팀이 클 때는 발전기 두 대를 싣고 다녀야 했다. 그 당시는 힘들고 어려움이 많아 보였는데 이제 돌이켜보니 모두 아름다운 추억이요 보람이요 하나님의 은혜였다!

이동 진료 사역

■ 씨엠립(Siem Reap)

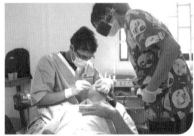

■ 바탐방(Battambang)

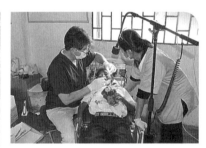
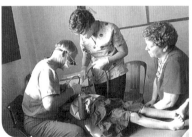

■ 몬돌끼리 다담(Mondol Kiri Dadam)

■ 프리뱅(Prey Veng)

캄보디아 문화체험 ▶ 전통 결혼 풍습

내가 캄보디아에 있는 동안 신식으로 결혼하는 풍경은 한 번도 보지 못했다. 캄보디아는 대개 사월이 결혼의 계절이다. 쌀농사 추수가 끝나고 오월 하순 우기가 시작되기 전에 결혼식을 올린다. 사월은 농한기고 길일로 여겨진다. 이 나라의 설날 "쯔울츠남"도 사월에 있어 일주일간은 모든 일을 쉬고 고향을 방문한다. 이때가 가장 더운 때다.

일반적으로 결혼식은 사흘간 치러진다. 첫째 날은 신랑이 지참금(Dowery)을 가지고 신부 댁에 찾아가서 드린다. 2017년 기준으로 적어도 2천 달러는 되어야 했다. 그 액수가 크면 신랑은 재력을 과시하는 것이요 기준보다 적으면 신부 댁은 무시당한 것으로 여긴다. 이 신랑 지참금을 마련하지 못하여 남자들이 결혼을 못하고 노총각이 되는 예는 주변에 흔하다. 공식 상견례가 양가에서 이뤄지면 불교 승려가 축복하는 순서가 있고 기독교인 경우에는 목사님이 오셔서 축복기도로 대체한다.

둘째 날은 양가 가족과 가까운 친지들이 각종 과일을 쟁반에 담아 신랑 뒤를 따른다. 그 다음은 결혼 선물을 들고 줄을 서서 신부 집에 들어간다. 다들 자리를 잡고 앉은 후에는 승려가 축복염불을 드린다. 기독교식은 신랑신부가 서로 발을 씻어주는 세족식이 열린다. 오후 5시쯤에는 모든 초대받은 하객들이 모이는 리셉션이 열린다. 하객은 미리 보내진 봉투에 결혼 축의금을 내고 입장한다. 저녁 만찬이 끝나면 신랑신부가 결혼식용 옷으로 갈아입고 나오는 예식이 있다. 적어도 옷을 다섯 번은 갈아입고 나온다. 그러고 나서야 여흥순서로 이어진다.

셋째 날에는 가족과 가까운 친지들이 모여 빨간 실로 신랑신부의 팔목을 묶는 예식이 있다. 많은 경우는 이 예식을 생략하기도 한다. 내가 근무했던 선교병원에서는 기독교와 불교식 혼합 결혼예식이 있었다. 캄보디아인 수석 의사의 결혼식이었는데 신부가 믿지 않고 그녀의 집안도 불교 보수 집안이었기 때문이었다. 신랑인 수석의사 닥터 모댁이 독실한 그리스도인이어서 기독교와 불교 혼합식으로 결혼식을 올렸던 기억이 있다. 목사님이 나오셔서 기도와 주례를 했고 승려가 나오셔서 독경을 하고 결혼을 축하하는 예식이었다. 물론 이런 특별한 혼합예식은 양가의 합의로 이루어진 것이지만 일반적으로는 불교식이든 기독교식이든 한 가지 예로 혼례를 치른다.

"내가 달려갈 길과
주 예수께 받은 사명
곧 하나님의 은혜의 복음을 증언하는 일을
마치려 함에는
나의 생명조차 조금도 귀한 것으로
여기지 아니하노라."
(사도행전 20장 24절)

8장 교회 개척사역

　우리 부부는 약 1년 반(2005년 후반-2007년 말)에 걸쳐 캄보디아에서 교회 개척 사역을 현지인 전도사와 함께 했다.

190채 초막 건설과 교회 창립 예배

　아브라함 심팅 전도사는 빈민들에게 매우 관심이 높았다. 그는 우리 치과 병원 종업원 쏘팸의 약혼자(지금은 남편)이며 우리가 지원하는 신학교 장학금으로 공부하고 있는 전도사였다. 그는 예전에 최악의 빈민촌이었던 안동마을에서 복음을 전했다. 이곳은 프놈펜 도심에서 서쪽으로 한참 떨어진 빈민촌으로 왕궁 옆에 살던 빈민들을 강제 철거하여 이주시킨 지역이었다. 정부는 5000여명 이상을 이곳에 이주시키며 가족 당 4m x 6m 땅을 나눠주었다. 변소는 공동으로 사용하고 식수는 유니세프에서 설치해준 물탱크에서 공동으로 받아쓰도록 했다. 안동마을에는 주민들이 일을 할 만한 곳이 없고 시내와 멀어서 교통편도 없었기 때문에 시간이 갈수록 삶이 어려워지던 곳이었다. 심팅 전도사는 이미 지어진 초막에서 성경공부를 시작하여 그들에게 복음을 전하고 있었다.

　힘들게 살아가는 그곳의 고통스런 환경을 보면서 우리 빈민선교부(IC)에서는 어린 자녀를 가진 거주자들을 위해 초막 40채(세대)를 우선 지어 주었다. 한국의 밥퍼 선교회에서 40채를 지어주고 나중에 시애틀 장로교회에서 보낸 긴급 구호헌금으로 110채를 더 지을 수 있었다. 그리고 마침내 2006년 11월 12일에 한국 밥퍼 선교부의 최정규 선교사가 창고를 빌려줘서 우리는 아브라함 심팅 전도사를  모시고 안동마을에 반석교회 창립예배를 드리게 되었다. 그때 나는 장로로 정식 취임했고 회계도 맡았다. 반석교회를 시작한지 6개월 만에 장소가 좁고 불편해서 밥퍼 건너편에 초막교회를 나무로 지어 옮기게 되었다. 틈틈이 팀 리더인 마크(Mark)가 와서 설교를 도와주었고 주일학교는 티나와 랭찬행이 수고해 주었다. 그동안 우리는 이곳에 여러 번 이동진료를 나갔고 틀니나 어려운 치료는 군병원 치과로 데려와서 치료해 주었다. 한번은 한 환자를 병원까지 데리고 와서 위아래 전악틀니 (Full dentures)를 해주었다. 그런데 그 환자가 한 달 후에 위 틀니가 없이 교회에 나왔다. 그래서 어떻게 된 거냐고 물었더니 술에 취해서 그만 위쪽 틀니를 잃어버렸다는 것이다. 그때 나는 시무 전도사에게 다시 위쪽 틀니를 만들어주어야 하느냐고 물었더니 만들어 주어도 또 잃어버릴 것이니 그만두라고 했다. 참 그분만 생각하면 아직도 안타까운 생각이 든다. 돌아보건대 벌써 10년이란 세월이 훌쩍 지났는데도 아직도 나는 그때 그곳의 감격과 은혜를 잊을 수가 없다!

우물 파기 사역

캄보디아는 물이 너무 안 좋다. 보통 물을 거의 식수로 사용할 수 없다. 그래서 유니세프(UNICEF)가 물탱크에 물을 담아 캄보디아 사람들에게 식수를 제공하듯이 우리도 캄보디아의 물 공급을 위해 우물 파기 사역을 전개했다. 우리는 세 곳에 우물을 파주었고 우물이 있는 동네 주민들은 좋은 물을 마실 수 있었다.

1. 깜뽕스프 주의 우물

깜뽕스프 주에 살고 있는 우리의 헬퍼 스레이몸(Sreymom) 집을 방문했을 때다. 식구들이 먼 곳에서 힘들게 물을 길어와 식수로 사용하고 있었다. 우리는 그녀의 집에 우물을 파주었다. 변소도 없어서 수세식 화장실을 만들어 주었다. 그녀의 가족이 깨끗한 물을 마시며 청결한 환경 속에서 쾌적한 삶을 살아가는 것을 보았을 때의 보람은 참으로 컸다.

2. 몬둘끼리의 우물

이곳 몬둘끼리 마을은 산악지대여서 건기에는 턱없이 물이 부족했다. 웬만히 땅을 파서는 지하수를 끌어 올릴 수가 없었다. 그래서 우리는 거의 다섯 배의 경비를 들여서 두 곳의 우물을 파서 그 마을에 청량수를 공급했다.

3. 쁘래아비히어의 우물

강동남 독신 여자 선교사는 쁘래아비히어에서 사역하고 있었다. 우리는 강 선교사가 세운 학교에 2600 달러를 들여서 우물을 파주었다. 그것은 미국 본 교회(오렌지힐 장로교회)의 후원이었다.

장학금 지급 사역

우리는 국립치과대학생 두 명(분따와 삼보)에게 칠 년 동안 장학금을 지급했다. 이 두 명의 학생은 우리 치과 병원에서 먹고 자고 병원도 도우면서 학교에 다녔다.

그 외 다섯 명의 학생들에게도 장학금을 지급했다. 국립의대를 다니는 한 명을 2년간 도왔고, IU 치대 한 명, IU 의대 한 명, 그리고 UP 치대 한 명에게 4년 동안 장학금을 지급했다. 사실 이 장학제도는 메디컬 의사 이동우 집사(인랜드 한인교회)의 주도 하에 이루어진 귀한 사역이었다. 이 집사는 세 번이나 인랜드교회 선교팀을 이끌고 캄보디아에 오셔서 많은 환자들을 치료했다.

봉톰의 전도사역

봉톰은 30대 후반의 독신으로 치과 병원 청소부로 일하고 있었다. 그녀는 예수님을 영접한 후 많은 사람들을 그리스도께로 인도했다. 그녀에게는 특별한 전도의 은사가 있었다. 그녀는 예수님과 결혼했다고 스스로 자랑스럽게 여기면서 가난한 환경 출신의 경험을 살려 특별히 극빈자들에게 가까이 다가갔다. 그녀가 말로 직접 전하는 복음은 그들에게 커다란

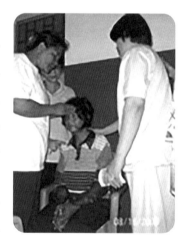

울림을 주었다. 후에 봉톰은 구전 전도회의 초청강사로 부름을 받고 간증할 정도로 전도에 남다른 은사를 가진 자매였다.

아내 티나 선교사의 아름다운 동역과 헌신

특별히 아내 티나(영자) 선교사의 캄보디아 교회를 향한 헌신은 눈물

겨웠다. 무엇보다 그녀는 기도하
는 사람이었다. 무슨 일을 만나든
그녀는 조용히 하나님 앞에 기도
함으로 산적한 문제들을 풀어나갔
다. 또한 선천적으로 밝고 쾌활한
그녀는 현지 직원들을 훈련하고
격려하고 위로하는 사역에 있어
탁월했다. 병원 리셉션니스트로

조원제 선교사와 티나 선교사

일하던 라차냐를 훈련하고 교육해서 그녀를 병원 매니저로 봉사하게 하
기도 했다. 치과 병원에서 직원들을 예배로 인도할 때도 그녀의 은사와
헌신은 돋보였다. 가사일 뿐 아니라 손님들을 대접하기 위한 음식 요리
에 이르기까지 그녀는 거의 만능에 가까운 아내요 선생이요 조련사였다.
모바일 클리닉(이동진료 사역)에서도 선교사들을 접대하고 직원들의 음
식을 챙기며 현지 사람들을 환대하는 그녀의 모습은 참으로 아름다웠다.

캄보디아 민족을 향한 아내 티나 선교사의 동역과 헌신은 바울에게 브
리스길라와 베베 집사 같은 모습이었다.

이렇게 우리는 캄보디아에 교회를 세우고 도우며 우물을 필요로 하는
곳에는 우물을 파주고 돈이 없어 학교에 가지 못하는 꿈나무들에게는 장
학금을 지급하며 집에서는 양육하고 병원에서는 함께 동역함으로 캄보
디아에 복음의 불을 지폈다.

"내가 달려갈 길과 주 예수께 받은 사명 곧 하나님의 은혜의 복음을 증
언하는 일을 마치려 함에는 나의 생명조차 조금도 귀한 것으로 여기지 아
니하노라."(사도행전 20:24)

"내 형제들아
너희가 여러 가지 시험을 당하거든
온전히 기쁘게 여기라
이는 너희 믿음의 시련이
인내를 만들어 내는 줄 너희가 앎이라
인내를 온전히 이루라
이는 너희로 온전하고 구비하여
조금도 부족함이 없게 하려 함이라."
(야고보서 1장 2-4절)

9장 치과대학에서 가르치기

사립대학(International University)

칼럼 드와떼 선교사(치과대학 설립자)를 만난 것이 내게는 선교 소망을 이루는 계기가 되었다. 그분은 초기 캄보디아 내전 당시 캄보디아 접경지역에 있던 태국 난민 수용소에서 피난민 치료사역을 했다. 그런데 그분이 뉴질랜드 원투원 선교부에서 파송된 선교사로 난민수용소에서 봉사하고 있었다. 1993년 파리 평화협정 이후에는 프놈펜으로 이주하여, 빈민치료 의료사역과 함께 고아원을 설립하여 운영했다. 교도소 사역도 병행했다. 지금도 빈민치료사역과 교도소 사역은 활발히 진행되고 있다. 그 후 많은 시간이 흘러 2006년 당시에 칼럼 드와떼 선교사는 IU 총장의 권유로 IU 대학 안에 치과대학 설립에 대한 요청을 의뢰받고 IU 안에 치과대학을 설립하여 학장으로도 오래 일하셨다.

어느 날 칼럼 드와떼 박사가 나를 찾아왔다. 캄보디아 치과 의료선교회 회장 써레이(Serey)로부터 나에 대한 소식을 들었던 것이다. 그분은 내게 IU대학에서 강의를 해 줄 것을 부탁했다. 그때는 2007년 가을학기가 시작되기 직전이었다. 나는 그때 "아 하나님께서 예비하시고 인도하셨구나!"하는 감사와 기쁨으로 가슴이 벅찼다. 캄보디아 치과대학에서 가르치기를 나는 얼마나 열망했던가! 미국에서 배우고 익힌 고급 기술과 정보를 어떻게든 낙후된 캄보디아 학생들과 나누고 싶었던 꿈이 이제야

현실이 되는 것이다. 나는 즉시 환영하고 수락했다. 우선 근관치료학(신경치료) 한 과목을 가르치기 시작했다. 제 1회 학생 수는 열다섯 명이었지만, 정말 재미 있고 보람을 느낀 복된 시간이었다. 근관치료학은 당시 캄보디아에서 가장 뒤떨어져 있었다.

일 년간 안식년(2008년 1-12월)으로 미국에 돌아와서 쉬는 동안에도 나는 대학에서 사용할 학습 자료들을 부지런히 준비했다. 모교인 남가주 대학(USC)을 방문하여 그 학교 실습 매뉴얼을 당시 근관치료학 과장교수께 부탁해서 가져와 사용했다. 다음 안식월 때는 USC 근관치료과 대학원 담당 교수인 야라 베르단 박사(Dr. Yaara Berdan)를 만났다. 나는 캄보디아 치대 근관치료 교육의 열악한 환경을 야라 교수에게 설명하고 도움을 요청했다. 그녀는 나의 사역을 귀하게 보고 적극 도와주었다. 언제든지 필요하면 연락하라고 명함도 건네주었다. 최근 2019년 4월 남가주 치과대학(USC) 방문 때도 에티오피아 3개월 치과 사역(2019년 6-8월) 강좌를 위한 업데이트 자료들을 부탁했는데, 그때도 두 시간이 넘도록 나를 위해 자료들을 복사하고 만나줄 정도로 멋진 여자 의사셨다.

학생들과의 교류

나는 안식년을 마치고 2009년 1월, 다시 캄보디아 IU로 귀임했다. 그때 IU 치과대학의 현실은 치주과목(잇몸치료)도 굉장히 부실해서 신경치료 과목을 가르치면서 잇몸치료도 병행해서 가르쳐야 했다. 나는 학생들을 집으로 초대해서 성경도 함께 가르쳤다. 학교 내에서는 전도를 할 수 없었기 때문이었다. 여학생 한 사람을 제외하고는 14명 모두가 첫 시간 가정 성경공부에 참석했는데 아마도 선생에 대한 예우차원의 배려였던 것 같다. 그 후 5,6명이 꾸준히 참석해서 성경을 개인적으로 가르칠 수 있었다.

신경치료 전문의 과정

시간이 흘러갈수록 치과대학(IU) 학장 칼럼 드와떼 박사는 캄보디아 근관치료학(신경치료)이 매우 약한 걸 알고 고뇌했다. 그의 끈질긴 교섭 끝에 오스트레일리아 근관 치료학 과장 두 분과 뉴질랜드 치대 근관치료 과장 한 분을 합하여 세 분의 과장 교수와 두 분의 평교수를 초빙할 수 있었다. 그들은 남반구에서 7시간의 비행을 마다하지 않고 한 달에 한 번씩 윤번제로 근관치료의 재료와 도구들을 가지고 와서 캄보디아에 신경치료전문의 과정을 세우고 가르쳤다.

교수가 확보되었으니 학생모집을 해야했다. 우리는 7명의 학생을 뽑으려 했으나 지원자가 없었다. 다급해진 나머지 칼럼 드와떼 박사와 나는 졸업생들을 설득했다. 나의 제자 세 사람과 국립대 출신 의사 한 사람 그리고 내가 학생으로 지원해서 다섯 명이 학생으로 모집되었다. 그때 나는 가르치고 있던 교수였지만 전문의는 아니었다. 그 당시 근관치료학은 캄보디아에서 인기가 없었다. 치료비가 낮아 수익성이 떨어졌다. 무면허 의사들이 싼 값에 적당히 치료를 해주었으므로 거의 타산이 맞지 않았던 것이다. 국립대 출신 의사 한 사람은 생각보다 전문의 과정이 힘들었는지 한 달 후에 그만두어 네 사람의 학생들이 공부하게 되었다.

마침내 네 명의 학생으로 IU 대학 안에 신경치료 전문의 과정이 개설되었다. 나 역시 생각지도 못한 일을 해내고 뿌듯했었다. 내 나이 72세에 공부를 시작해서 75세에 끝을 냈으니 말이다. 하나님의 크신 은혜가 아니고서는 불가능한 학업이었다.

호주의 교수들은 모든 고가의 기구들과 치료하는 재료들을 일일이 수송해 와서 힘들게 그리고 성심껏 학생들을 가르쳤다. 우리는 그분들의 수고와 정성을 보고 매우 감동받았고 또한 많은 혜택을 누리게 되었

다. 그로부터 3년 후(2017
년) 마침내 네 사람의 근
관치료 전문의가 캄보디아
에 탄생했다. 공부를 마지
막까지 마치는 과정 속에
서 나는 나이를 극복하기
가 쉽지 않았다. 그러나 그

IU대학 학생들

때마다 주께서 힘을 주셔서 무사히 어려운 과정을 통과할 수 있었다.

나는 개인적으로 3년간 신경치료 전문의 과정을 마치면서 많은 것을
배웠다. 뽑아야 될 것을 뽑지 않고 원치를 살려서 치료하는 시술을 환자
들에게 베풀 수 있게 되었다. 나는 치아에 대한 신경치료 교육의 연장선
으로 2019년 6월부터 8월까지 에티오피아 지방 치과대학과 병원에서 가
르치기도 했다(14장 참조).

IU대학에서 나는 본격적으로 학생들을 가르치면서 치주학(잇몸치료
학) 분야가 열악하고 틀니분야도 매우 약하다는 것을 깨닫게 되었다. 그
래서 2018년까지 나는 캄보디아 IU에 있는 동안 세 과목(신경치료, 치
주학, 틀니)을 정말 최선을 다해서 가르쳤다. 아래 학년에서 기초과목을
이수하고 올라오면 상급반 학생들은 모두 내가 맡았다. 나는 성심으로
치과의사가 반드시 알아야할 항목을 세밀하고 촘촘하게 학생들에게 가
르쳤다. 뿐만 아니라 나의 치과병원에서 임상실습을 겸해서 실무를 익
힐 수 있도록 세심하게 배려했다. 2017년 12월에 공식 은퇴 후에도 나는
2018년도에 다시 캄보디아로 돌아가서 마지막으로 학생들을 가르치고
왔다. 그때는 아말감 충전 과목에 대한 재 강의와 함께 다음 학년의 학생
들을 가르치기 위한 것이었다. 졸업반 학생들의 절반 이상이 아말감 충

전과목에 부정이 발각되어 학생들이 5주에 걸친 재 강의를 들어야했기 때문이다. 2018년 모든 학기를 마치고 내가 미국으로 떠날 때는 내가 마지막으로 가르쳤던 졸업반 6학년생들과 이미 졸업한 학생들이 힘을 합쳐서 성대한 환송연을 베풀어 주었다. 또한 학장과 교수들이 감사장과 환송영을 베풀어 주었다. 잊을 수 없는 순간이었고 만남이었다. 하나님께서 내게 특별하게 베풀어주신 커다란 특권이었다.

후담이지만, 성적 처리 과정에서 원칙주의자인 나에게 학교 측이 압력을 가하기도 했다. 학생들을 많이 떨어뜨리지 말고 적당히 합격시켜 달라는 요구였는데 그때 무척 힘이 들었다. 하지만 나는 그들이 뭐라고 하든 상관하지 않고 원칙대로 60점이 안되면 무조건 다 떨어뜨렸다. 언젠가는 교실의 약 2/3가 떨어져서 그들이 재시험을 쳐야했고, 그 과정을 기록하고 수정하느라 나 역시 무척 혼이 난 적도 있었다. 그렇지만 보람은 컸다. 나는 그렇게 힘든 과정을 통해서 치과의사가 갖추고 익혀야할 기본 지식과 덕목들을 학생들에게 훈련했다.

국가고시 제도 도입

전에 캄보디아는 치대 신입생 선발과정에서 부정부패가 심했다. 실력이 있어 들어온 학생들도 있지만 적당히 돈을 써서 들어온 학생들이 많았다. 그러다 보니 학생들 간의 실력 편차가 컸다. 치대 공부할 실력이 안되는 학생들을 상급반으로 진급시키자니 대학도 고민이 컸다.

한참 후에 영향력 있는 장관의 아들이 UCLA 의과대학에서 박사학위를 마치고 돌아와서 국립보건대학 총장으로 부임했다. 모든 의료관계 대학(의대, 치대, 약대, 간호대 등)이 보건대학 산하에 있었다. 그는 부임하자마자 모든 의과대학과 치과대학에 면허 국가고시를 치르도록 명령했다. 그때까지는 국가고시 없이 졸업 시험에 합격만하면 면허를 주었던 것이다. 마침내 의치대 국가고시 제도가 도입된 것이다. 그는 비록 불법이지만 미국의 시험문제를 복사해서 학교에 주면서 이 가운데서 필기 시험문제를 출제하도록 명령했다. 국립치과대학 학생들은 국가고시 제도에 반대하여 시험을 보이콧하기도 했다. 그러나 IU에서는 열심히 가르쳤다. 나는 미국에서 학창시절에 이미 그 시험을 치른 경험이 있었기에 학장은 내 경험을 믿고 학생들을 위한 필기시험 준비 수업을 내게 권했

기말시험을 감독하는 조원제 교수

다. 미국에서 치과대학을 졸업한 지 까마득히 오래 전 일이지만 나는 흔쾌히 학장의 권유를 받아들여 학생들을 도왔다. 나도 국가고시 시험 문제를 그들에게 가르치기 위해서 학생 못지않게 땀을 흘려가며 공부해서 가르쳤다. 이때 서울대학교 치대 미생물학 과장 김각균 교수가 오셔서 함께 가르쳤다. 참으로 학생들에게 유익한 시간이었다.

국가고시는 차츰 정착되어 갔고 비로소 실력 있는 학생들이 응시하게 되었다. 학생들 간의 실력 편차도 많이 해소되었다. 지금도 미국 국가고시 자격시험 문제 중 약 200-300문제를 골라 내어 캄보디아어로 번역하였다. 그중에서 문제를 출제하기 때문에 시험은 그렇게 어렵지 않다. 그리고 의치대 신입생은 보건복지부에서 선발하여 각 대학에 배치한다. 입시생들은 희망학교를 순위대로 써 내서 성적 순위대로 대학을 진학하게 되었다. 그렇게 하는 까닭은 의치과 대학들이 직접 학생들을 선발하

는 과정에서 부정입학이 많았었기 때문이었다. 이제 보건복지부에서 관할한 이후 부정 입학이 어려워짐에 따라 실력 있는 학생들이 정상적으로 들어오고 있다.

미생물학 교육

필리핀에서 아시아권 치과 칸퍼런스가 열렸을 때다. 거기서 IU 드와떼 학장과 서울치대 미생물학과 과장 김각균 교수를 만나게 되었다. 그 자리에서 드와떼 학장은 김 교수에게 캄보디아 미생물학 과목에 대한 취약성을 호소했고 고맙게도 김 박사가 겨울 방학(2012년) 2개월 동안에 방문해서 가르쳐 주게 되었다. 나중에 알고 보니 김 박사의 아버지는 목사님이셨고, 지금도 김 박사는 드와떼 학장이 계신 캄보디아 대학에서 미생물학을 가르치고 계신다.

치대에서 가르치던 십 년(2007년 가을 - 2018년)을 돌아보면, 참으로 캄보디아 학생들에게 많은 애정을 쏟고 열심히 살던 시간이었다. 동시에 우리는 그들에게 복음을 전하는 일에도 온 힘을 기울였다. 생각보다 사역의 열매는 적었으나 언젠가는 내가 뿌린 복음의 씨앗을 주께서 거둬주시리라 믿는다. 그 열매 거둘 날을 소망하면서 나는 2018년 10월 캄보디아를 떠났다. 눈물로 씨를 뿌리는 자는 반드시 기쁨으로 그 곡식의 단을 거둔다는 하나님의 말씀을 신뢰함으로 나는 캄보디아를 떠날 수 있었다(시 126:5-6).

치주학 교수를 양성하기 위한 미국 유학

닥터 셋 마나(Mana Sett)는 기업가의 딸로 UCLA의 학비를 감당할 수 있고 실력도 좋아서 나는 그녀를 치주학 교수로 양성하고 싶은 꿈을 갖게 되었다.

그래서 나는 임플란트 강의를 하기 위해 네 번이나 캄보디아에 온 존 킴(오스템 구강 외과 임플란트 강사/ GDA에서 파송)에게 캄보디아 학생 하나를 미국에서 치주학 교수로 양성하고 싶다는 꿈을 얘기했다. 그는 마침 자신의 친구가 UCLA 2년제 프로그램(UCLA의 DDS학사 자격)의 디렉터라면서 그를 소개해 주겠다고 했다.

나는 존 킴으로부터 친구 스티브 리의 이메일 주소를 받아서 내가 직접 그에게 메일을 보냈다. 특별히 캄보디아 학생 하나를 배려해서 2년제 프로그램에 시험 성적 순으로 뽑기 때문에 입학을 고려해 줄 수 있겠느냐는 부탁이었다. 그랬더니 회답이 오기를 2년제 프로그램 대다수가 모두 인도인이어서 특별히 타 지역 출신의 학생을 고려해보겠다는 것이다. 그는 곧 몇 가지 자격을 갖추면 입학을 허락하겠다는 소식을 보내왔다.

나는 즉시 셋 마나에게 UCLA 2년제 프로그램을 위한 토플과 Part I & II의 시험을 보도록 권면했다. 닥터 셋 마나는 세 번에 걸쳐 미국을 방문하며 Part I & II 시험은 쉽게 통과했지만, 토플 시험에서 어려움을 겪었다. 지금 그녀는 아버지의 병간호 때문에 미국에 오지 못하고 치과의사로 일하고 있다. 나는 아직도 그녀가 치주학 교수가 되어 캄보디아 학생들을 가르치게 될 날을 기다리고 있다. 그것은 그녀의 꿈이자 나의 소망이기도 하기 때문이다.

"내 형제들아 너희가 여러 가지 시험을 당하거든 온전히 기쁘게 여기라 이는 너희 믿음의 시련이 인내를 만들어 내는 줄 너희가 앎이라 인내를 온전히 이루라 이는 너희로 온전하고 구비하여 조금도 부족함이 없게 하려 함이라."(야고보서 1:2-4)

캄보디아 문화체험 ▶ 크메르 언어

캄보디아의 크메르어는 인도 북부에서 전해 내려온 산스크리트어에 그 기원을 둔다. 자음이 33개 모음이 35개로 복잡하다. 쓰기도 어렵고 발음도 어렵다. T 발음 나는 것이 네 가지나 있다. 고등학교를 졸업한 현지인도 어떤 단어는 고개를 갸우뚱거리며 읽어낸다. 컴퓨터로 타이프하기도 시간이 많이 걸리는데 모음이 자음 위에도 아래에도 그리고 옆에도 붙기 때문이다. 그들은 이 문자를 매우 귀하게 여긴다. 특히 문자 개혁에 불교계 고승들의 반대가 거세다. 이웃나라 태국은 같은 언어라도 개량하여 타이프가 쉽도록 고쳤는데 캄보디아는 아직도 옛날 형태를 고수하고 있다. 외국인의 입장에서 객관적으로 크메르어를 볼 때 나라의 발전을 위해 문자 개혁은 시급하다고 생각한다. 캄보디아는 계층마다 다른 언어체계를 사용한다. 승려계급이나 지식층이 쓰는 말이 있고 일반 서민층이 쓰는 말이 따로 있다. 언어를 언어학교에서 열심히 배워도 서민들의 대화를 알아듣지 못하는 경우가 종종 발생하는데 이런 이유 때문이다. 성경은 승려들이 번역한 것이어서 고급 단어들로 쓰인 것이 많다. 성경이 서민들에게 다가가기 위해서라도 하루속히 캄보디아에 문자 개혁이 일어나기를 기원한다.

ក ka [kɒ:]	ខ kha [kʰɒ:]	គ ko [kɔ:]	ឃ kho [kʰɔ:]	ង ño [ŋɔ:]
ច ca [cɒ:]	ឆ cha [cʰɒ:]	ជ jo [cɔ:]	ឈ jho [cʰɔ:]	ញ ño [ɲɒ:]
ដ ṭa [ɗɒ:]	ឋ ṭha [tʰɒ:]	ឌ ḍo [ɗɔ:]	ឍ ḍho [tʰɔ:]	ណ ṇo [nɔ:]
ត ta [tɒ:]	ថ tha [tʰɒ:]	ទ do [tɔ:]	ធ dho [tʰɔ:]	ន no [nɔ:]
ប pa [ɓɒ:]	ផ pha [pʰɒ:]	ព bo [pɔ:]	ភ bho [pʰɔ:]	ម mo [mɔ:]
ស sa [sɒ:]	ហ ha [hɒ:]	យ yo [jɔ:]	រ ro [rɔ:]	ល lo [lɔ:]
ឡ ḷa [lɒ:]	អ ?a [ʔɒ:]	វ vo [wɔ:]		

"하나님 앞과 살아있는 자와
죽은 자를 심판하실 그리스도 예수 앞에서
그가 나타나실 것과 그의 나라를 두고 엄히 명하노니
너는 말씀을 전파하라
때를 얻든지 못 얻든지 항상 힘쓰라
범사에 오래 참음과 가르침으로
경책하며 경계하며 권하라."
(디모데후서 4장 1-2절)

10장 유료 치과병원 (For Profit)

유료 치과병원 설립계획

이제부터는 어떻게 CRM의 비즈니스 선교부(Business as Mission)의 산하사역으로 치과병원을 세우게 되었는지를 소회하고자 한다. 그러니까 나는 두 개의 치과 병원 사역을 한 셈이다. 하나는 2005년부터 시작한 빈민선교부의 계속된 치과 사역이고, 이제부터 소개하려는 2009년의 유료 치과 병원 사역은 비즈니스 선교부의 이윤을 내는(for profit) 새로운 병원 사역이었다.

나는 2008년 일 년 간의 안식년을 미국에서 마치고 캄보디아에 2009년 1월에 귀임했다. 내가 안식년으로 자리를 비우는 동안 빈민치과병원 환경이 많이 바뀌었다. 왕궁 근처에 있던 치과 병원은 뚤꼭으로 자리를 옮긴 상태였다. 캄보디아 군에서 장소(빌딩)가 필요하다고 나가라고 해서 임시로 장소를 옮긴 것이라 했다. 그때 일부분의 장비는 임시로 뚤꼭의 병원으로 옮겼지만, 나머지는 장소가 협소해서 대부분 우리 집에 보관했다. 나중에 라타나 플라자(Ratana Plaza, 떡 틀라구)로 장비를 옮겨 병원을 오픈했다. 그 당시 나는 뚤꼭 임시병원에 매월 치과 분담금이 750 달러나 되어 부담이 되었다. 빈민선교부에 이 사실을 보고했더니, 선교부에서 비즈니스 밤미션(Business as Mission)을 하라고 권면해 주었다(Enterprise International – CRM에서는 밤미션을 이렇게 불렀다).

그때 밤미션(BAM)의 책임자는 콜린 크라웰이었다. 그가 "유료 치과

병원(For Profit) 설립 계획을 세워보라"고 제안했다. 그래서 나는 5만 달러 펀드로 유료(For Profit(BAM)) 치과 병원 설립계획을 세워 요청했다. 상류층을 대상으로 하기로 하고, 제대로 장비를 갖춘 치료 의자 두 개와 X-ray 등을 갖춘 병원 설립계획이었다. 마침내 요청한 5만 달러 펀드에 대한 승인이 밤(BAM)으로부터 떨어졌다. 그때부터 장비구입에 나섰다. 진료의자와 X-ray 기계는 캄보디아 현지에서 구입했지만, 나머지 유료 치과 병원에 필요한 재료들은 모두 미국에서 사와야 했기 때문에 많은 어려움이 있었다. 좋은 치과 장비나 재료들은 미국의 것이어야 했기 때문이다. 드디어 우리는 2009년 4월, 뚤꼭에 유료 치과 병원을 개업할 수 있었다.

뚤꼭의 유료 치과 병원 사역

우리는 뚤꼭에 유료 치과 병원(BAM)을 개업해서 돈을 벌 수 있었다. 로잔대회에서 결의한 대로 텐트 메이킹(자비량) 사역을 호의적으로 평한 것을 긍정적으로 도입한 것이었는데 상당히 좋은 결과를 얻었다. 이 사역은 내가 미국 치과 면허 소지자였던 덕을 톡톡히 본 것이 사실이다. 물론 힘든 점도 많았다. 새로운 치과 장비와 기기와 재료들을 프놈펜 현지에서 구입할 수 없어서 모두 미국에서 공수해 와야 했다. 치과 장비와 기기에 있어 최첨단 장비는 미국제(made in USA)가 최고였다. 그래서 우리는 미국에서 캄보디아로 장비와 재료들을 들여오느라 고생을 많이 했다.

유료 치과 병원의 주 고객은 한인 선교사, OMF 선교사, 캄보디아 상류층 사람들, 그리고 한인 비즈니스맨들이었다. 그래서 우리는 조금이라도 이윤을 남길 수 있었다. 돈이 조금씩 벌리자 처음에 본부에서 빌렸던

38,000 달러도 갚을 수 있었다. 우리는 그때 5만 달러 중에서 3만 8천 달러만 썼던 것이다. 개업한지 5년 만에 빚을 다 갚은 셈이다.

유료 치과 병원 초기에는 한인 선교사들에게 진료비를 25퍼센트 디스카운트 해 주었다. 그러나 나중에는 계산이 복잡해서 폐지했다. 다른 캄보디아 치과 병원에 비해서 비싸도 손님이 몰려왔다. 현대식 장비와 함께 실력을 갖춘 병원이었기에 주변의 평판이 좋았고 나중에는 유료 치과 병원에서 가난한 사람들도 함께 진료할 수 있었다. 주로 가난한 사람들은 빈민 베트남 어린이들과 선교사들이 데려온 환자들 그리고 선교사가 운영하는 신학교의 신학생들이었다.

똔네바삭 강변의 빈민 치과 병원

임시로 있었던 뚤꼭의 빈민 치과병원은 동남쪽 방향으로 멀리 떨어진 똔네바삭 강변으로 새롭게 자리를 옮겼다. 여기서는 캄보디아 현지인들을 주로 치료했다. 가난한 사람들의 치료비는 10퍼센트 정도만 본인이 부담하도록 하고 나머지는 선교부 사역 펀드에서 보조해주었다. 극빈자라 해도 1달러라도 내게 했다. 그들에게 자립심을 고취시키기 위한 교육적인 목적에서였다. 그곳 사람들은 이미 도움 받는 것에 길들여져 자신들의 노력 없이 선교사나 외부인에게 의존해서 무슨 일이든 하려고 하는 좋지 않은 습관이 있었다. 우리는 사역이나 치료의 과정 속에서 그들의 나쁜 습관을 고쳐주려고 애를 썼고 어떻게든 그들 자신의 힘으로 자신의 문제를 극복할 수 있도록 그들의 인식전환을 위해서도 부단히 노력했다.

그때 나는 IU 치과대학에서 학생들을 가르치면서 빈민 선교 병원과 유료 치과 병원을 동시에 운영하다보니 너무 바쁘고 힘이 들었다. 가끔씩은 이동진료 사역도 나가야해서 정말 눈코 뜰 새 없이 바빴다. 닥터 마까라와 함께 시술하고 닥터 분타가 조수로 도와주어서 그나마 숨을 쉴 수 있었다. 유료 치과 병원은 IU 치과대학의 학생들을 도와서 그들이 실습도 하도록 허락해 주었다. 유료 치과 병원에서 임플란트 치료는 필수적이었다. 그래서 우리는 마까라를 미국으로 보내 임플란트 교육을 받게 하고 싶었다. 그러나 그의 미국비자가 순조롭지 않았다. 그의 미국 비자 문제로 우리가 모두 애를 태울 때 CRM 총재가 재정보증을 해주었다. 비자가 해결된 닥터 마까라는 우수한 성적으로 임플란트 과정을 마치고 돌아왔다. 나중에 GDA(Gloval Dental Alliance)에서 파송한 존 킴(Ostem 회사 임플란트 교수)이 네 번이나 자비량으로 캄보디아를 방문하여 우리 유료 치과 병원에서 임플란트 기술을 강의해 주었다. 그래서 우리는 최신식 임플란트 기술과 정보를 갖고 캄보디아 환자들에게 양질의 의술을 베풀 수 있었다.

시간이 흘러서 내가 2017년 12월에 캄보디아 사역을 마치고 미국으로 귀국했다가, 다시 2018년 5월에 잠시 캄보디아를 방문해 살펴보니 유료 치과 병원에 한국인 환자들이 거의 떨어져 나가고 없었다. 미국 환자들은 다 그대로인데 한국인 환자들은 모두 병원을 옮긴 것이다. 미국인은 자신이 사는 지역의 기관과 조직을 신뢰하고 관계를 계속 유지한다. 그러나 한인들은 지역의 기관이나 조직보다는 한국 사람끼리 믿고 의존하는 경향이 있다. 그래서 그런지 내가 떠나자 그들도 몇 사람만 남고 다 떠나버렸다. 이런 문화적인 차이를 닥터 마까라가 잘 이해하지 못해서 많이 미안했다.

캄보디아 기독 치과 의료선교회와의 협력사역
나는 매월 캄보디아 기독 치과 의료선교회 모임에 나갔다. 나는 거기서 Partial Denture & Full Denture와 근관치료학, 두 강좌를 개설해 2 년 정도 강의했다. 예원추 선교사와 천천추 선교사의 주선으로 보수교육도 맡게 되었다. 세 과목은 기존 의사들이 학교에서 가르쳤지만 제대로 배우지 못한 과목들이었다.

이 강의들은 캄보디아에서 제일 큰 교회 담임목사가 30분 정도 전도 메시지를 전한 후에 시작되었다. 주로 이 모임에는 회원들이 불신자인 친구 의사들을 데리고 왔기 때문에 우리는 이 시간을 전도의 기회로 활용했다.

"하나님 앞과 살아있는 자와 죽은 자를 심판하실 그리스도 예수 앞에서 그가 나타나실 것과 그의 나라를 두고 엄히 명하노니 너는 말씀을 전파하라 때를 얻든지 못 얻든지 항상 힘쓰라 범사에 오래 참음과 가르침으로 경책하며 경계하며 권하라."(디모데후서 4:1-2)

강의는 한 시간 정도 진행하고 나머지 시간은 실습을 병행했다. 미국에서 가져간 치과 재료들이 많은 도움을 주었다. 이런 관계를 통해 훗날 캄보디아 기독치과 의료선교회 주최로 이동진료 사역도 나갈 수 있었다. 그때는 닥터 마까라(Dr. Makara)가 이동장비들을 가지고 그들의 요청에 따라 이동진료 사역을 진행했다. 그때는 의사나 간호사들도 동행해서 매우 효과적인 사역과 진료를 할 수 있었다. 신실한 닥터 써레이(Dr. Serey)가 10년간이나 기독치과선교회 회장직을 맡고 있어서 사역을 잘 수행했다. 내가 귀국할 즈음에는 세대교체를 계획하고 후임을 물색하고 있었다. 그는 내가 가르친 크리스천 치과의사와 결혼하여 두 자녀를 두고 있다.

"주는 영이시니 주의 영이 계신 곳에는
자유가 있느니라."
(고린도후서 3장 17절)

11장 치과대학생(IU) 선교

집에서 시작한 대학생 성경공부

새로 생긴 IU대학의 1회 치과대학생은 열다섯 명이었다. 대학에서의 나의 선교 역점은 '학생들에게 성경을 가르치는 일'이었다. 그러나 교내에서는 엄격히 성경공부가 금지되어 있었다. 그래서 나는 부족해도 직접 집에서 성경을 가르치기로 결심하고 학생들을 집으로 초대했다. 그때 프놈펜에 CCC 캄보디아 본부가 있었는데 그곳 CCC에 소속된 한인 일반외과로 김현태 의사 한 분이 계셨다. 우리는 처음 성경공부를 시작하면서 경험이 많은 그 분께 복음제시를 부탁했다. 그는 캄보디아 CCC 스텝진 두 사람과 함께 4영리를 가지고 와서 복음을 제시했다. 그 자리에서 한 사람(Leng Ravuth)이 4영리를 통해 예수님을 공개적으로 영접했다. 불교국가인 캄보디아에서 그러한 고백은 결코 쉽지가 않아서 우리는 매우 고무적인 환경 속에서 치과대학의 성경공부를 시작했다.

내가 집에서 학생들에게 성경을 가르치다 보니 부족한 점이 많았다. 나는 ICF에서 만난 짐 스튜어트(Jim Steward) 선교사(웨스트민스터 신학교 졸업)에게 도움을 청했다. 그는 쾌히 오셔서 가정 성경공부를 인도해 주었다. 그런데 스튜어트 선교사의 영어 성경공부가 제대로 캄보디아 말로 통역(그때 통역은 영어를 좀 잘하는 학생이 통역을 맡고 있었다)이 되는지 확신할 수 없어서 병원의 원목이신 싸칼 선교사(DTS 신학교 졸업)께 부탁했다. 스튜어드 선교사는 고린도후서 3장 17절의 "주는 영이시니 주의 영이 계신 곳에는 자유가 있느니라"는 말씀을 전했는데 그때 춤 첸다(Chum Chenda)가 복음을 듣고 예수님을 구주로 영접했다. 참으로 감격적인 순간이었다. 성령의 강력한 도전이 첸다에게 임하셔서 세속의 모든 사슬로부터 그를 자유케 했던 것이다. 그 후로 첸다의 신앙은 무럭무럭 자라서 많은 열매를 맺고, 지금도 교회를 잘 섬기고 있다.

서서히 시간이 흐르면서 학생층에도 변화(빈민층에서 중산층으로 바뀜)가 왔다.

그들은 생활에 여유가 생기고 먹고 살만해지자 성경공부에 관심이 흐려졌다. 학교에서 거리가 멀다는 핑계로 집으로 초대해도 잘 참석하지 않았다. 과거에 그들의 형편이 어려울 때는 같이 식사하고 공부하는 것이 큰 즐거움이었는데 많이 아쉬웠다. 처음에 6,7명이 참석했었지만 차츰 줄어 나중에는 한두 명만 나왔다. 그들도 내 체면을 고려해 와 준 것 같았다. 그때 통역으로 수고해준 형제는 닥터 쏘페악(Sopheak Nogr)으로 그는 성경공부도 참석하고 통역도 도와서 성실하게 봉사했다. 지금은 사아누꾸 빌에서 치과 병원을 개업해 있다.

이반타딕의 카페 레스토랑

그렇게 어려움을 겪으며 사역을 하다가 독일 교회의 후원으로 기공 선교사 닥터 이반 타딕(Ivan Tardic)이 한 건물 전체를 세를 얻어 사용하게 되었다. 우리는 아래 1층을 카페식당으로 꾸미고 2층에 성경공부방을 만들었다. 새로운 분위기에서 학생들을 다시 초청하자 많은 학생이 몰려왔다.

그 당시 캄보디아장로교 신학교(캄장신)의 조봉기 목사가 우리가 학교 옆 건물로 옮겨가자 그때부터 우리에게 오셔서 성경공부를 인도해 주셨다. 조 목사는 직접 키보드를 연주하면서 뜨겁게 찬양 인도까지 하셨다. 10-12명 정도의 학생을 꾸준히 가르치면서 재미있게 이끌어 갔다. 그는 캄보디아 말을 매우 유창하게 구사했다.

그때 카페식당은 풀타임 운영자가 필요했지만 닥터 이반은 시간이 없었다. 그래서 캐나다에서 오신 맷 컬러프 선교사로 하여금 카페를 운영하게 했다. 그러나 맷 컬러프가 운영하던 카페는 장사도 잘 안되고 독일 교회의 후원도 끊겨서 결국 이반 타딕이 시작했던 카페는 문을 닫게 되었다.

카페에서 유료치과 병원으로

장사가 안되어 카페식당이 문을 닫은 후, 유료 병원이 그리 멀지않은 곳에 있어서 우리는 성경공부 장소를 유료 치과 병원(For Profit)으로 옮겼다. 대부분의 성경공부는 조봉기 목사님이 인도하셨지만 조목사님이 안식월로 안계시면 캄장신의 이윤수 교수가 오셔서 대신 가르쳐 주셨다. 우리는 이곳에서 성경도 가르치고 수준 높은 의술도 치과대학생에게 가르치는 일석이조의 효과를 거두었다. 성경과 의술을 한 곳에서 배울 수 있었기 때문에 많은 학생들이 와서 혜택을 입었다. 나는 분명하게 "너희가 의술을 배우려면 먼저 와서 성경을 배우라"고 그들에게 도전했다. 그들은 자신들의 필요가 있었기 때문에 와서 열심히 성경도 배우고 첨단 치과 의술도 익혔다.

4년의 사역을 마치고 병원의 원목이셨던 싸칼 목사가 의사가 되기 위해서 유학길에 올랐다. 그분은 미국이 아니라 이스라엘로 갔고 그곳 의대에 들어가 열심히 공부하셨으나 불행히도 졸업반에 이르러서 뇌암으로 세상을 뜨는 가슴 아픈 일이 벌어졌다. 싸칼 목사가 소천하자 형편이 어려워진 부인은 생활고를 겪다 네 자녀를 데리고 캄보디아로 돌아왔다. 부인은 미국인이었다. 그래서 나는 최선을 다해 목사님의 가정을 무료로 치료해 드렸다.

치과대학생 선교의 중심 강사는 조봉기 목사와 데이비드 에버렛이었다. 그분들은 꾸준히 오셔서 학생들에게 성경을 가르쳐 주었다. 성경공부 후에는 닥터 마까라가 임플란트를 가르쳤다. 마지막 2017년에는 나와 마까라가 성경을 함께 가르쳤다. 마크 스미스(Mark Smith)는 캄보디아 언어를 매우 잘했지만 너무 바빠서 대신 데이비드 에버렛이 자리를 메워주었다.

첫 번째 안식년

첫 번째 안식년을 맞이하면서 2007년 12월부터 닥터 레악(여의사)이 면허를 따고 예수님도 믿게 되었다. 내가 안식년을 맞아 쉴 때는 그녀가 빈민 병원을 맡아서 수고했다. 병원일도 성경 공부도 열심이던 그녀가 어느 날 병원을 떠나겠다는 통보를 해왔다. 병원으로서는 청천벽력과 같은 소리였는데 알고 보니 부모님이 갖고 계신 건물에 치과병원을 개업한 것이다. 그 후 그녀는 교회도 안 나왔다. 주일날 환자를 보기 위해서 교회도 못나오는 해프닝이 벌어진 것이다. 닥터 레악(Leak)은 캄보디아에서 만난 귀한 사람이었다. 그녀는 닥터 천천추가 나에게 소개해준 세 명의 치과대학 학생 중 하나였다. 나는 그들을 2006년 가을학기부터 치과대학에서 가르치고 복음을 전했다. 세 명 중 남학생 한 명은 중간에 그만두고 다른 남학생 한 사람은 끝까지 교육을 받고 이동진료에도 참여했다. 나는 닥터 레악을 김길현 선교사의 교회에 데리고 다녔다. 그녀는 거기서 세례를 받은 착한 학생이었다. 그녀는 졸업 후 바삭강 병원에서 풀타임 의사로 일을 시작했다. 나는 그녀와 5년간 일을 함께 잘 해 왔다. 그런데 우리가 안식월로 미국에 나와 있는 동안에 갑자기 치과 병원을 개업하기 위해서 병원을 그만두겠다고 통보해 온 것이다. 우리는 적극 만류했다. 그러나 그녀는 우리의 조언을 듣지 않고 병원을 개업했고 치열한 병원들 사이의 경쟁에서 살아남기 위해서 주일 날 교회에 나가지도 않고 주일까지 병원 문을 열어두고 있는 것이다. 김길현 선교사와 나는 두세 번 심방을 하여 주일만이라도 교회에 나오도록 적극적으로 권면했다. 주일 날 문을 닫고 끝까지 믿음을 가지고 하나님을 신뢰함으로 비즈니스를 해보라고 권면했지만 그녀는 끝내 듣지 않았다. 아직도 나는 닥터 레악이 돌아오기를 간절히 기도하고 있다. 믿음이 떨어진 그녀를 향한 하나님의 뜻이 무엇인지 아직까지도 알 수가 없지만 언젠가는 다시 주님의 품으로 돌아올 것이라 확신하며 그녀를 위해 기도하고 있다.

나는 그 당시 주일이면 학생들을 데리고 김길현 선교사(전 이화여대 약대 교수/ 은혜한인교회 신학교 졸업)가 시무하는 "The Way of Grace Church"에 다녔다. 초기 이화학당을 시작한 스크랜튼 여사(스크랜튼 선교사 부인)의 빚을 갚기 위해 이화여대는 김길현 선교사를 캄보디아로 파송했다. 그리고 이화여대만큼 큰 부지를 캄보디아 꼼뽕스푸 스랑 마을에 구입해서 유치원부터 현재 중학교까지 학교를 세웠다. 나중에는 고등학교와 대학까지 건립하여 캠퍼스 사역을 꿈꾸었지만 지금은 김길현 선교사가 그만두었다. 김길현 선교사는 야산을 캠퍼스로 꾸미고 많은 건축 일을 감독하느라 힘들어 하셨다. 참으로 10년 동안 애 많이 쓰

셨다. 후임으로 김유선 독신 여성 선교사가 이어받아 교장으로 열심히
사역하고 있다.

김길현 선교사는 학교를 그만 둔 후에 LA 은혜한인교회의 적극적인
지원으로 콤뽕스푸 주에 신학교를 세우고 후학을 양성하는데 전력질주
하고 있다. 신학교 강의는 엘에이에서 교수들이 교대로 오가며 진행했
다. 신학생도 많이 배출했다. 그는 스랑마을에 있는 학교 앞에 또 다른
교회를 개척했고, 최근에는 프놈펜에서 멀리 떨어져 있는 빠일런 시에
교회를 개척하여 현지인 목회자를 파송하여 선교하고 있다.

캄보디아 문화체험 ▶ 과일 중의 과일은 두리안

두리안(Durian)은 타원형 모양
의 딱딱한 껍질에 날카로운 가
시가 덮여 있는 아욱과에 속한
열대지방 열매다. 처음에 두리
안을 접한 사람은 특유의 역겨
운 맛과 향에 놀라 나자빠지
는 과일이다. 그 냄새가 얼마
나 지독한지 호텔 반입이 금지
된 과일로도 유명하다. 그러나

두리안을 좋아하는 사람은 두리안을 "과일 중의 과일"(The King of fruits)이라
고 부를 정도로 그 맛과 향기를 칭송한다. 맛이 매우 진하고 독특하다. 아내 티
나 선교사는 두리안을 싫어하지만 나는 캄보디아에 있는 동안 가장 즐겨먹던 과
일이었다.

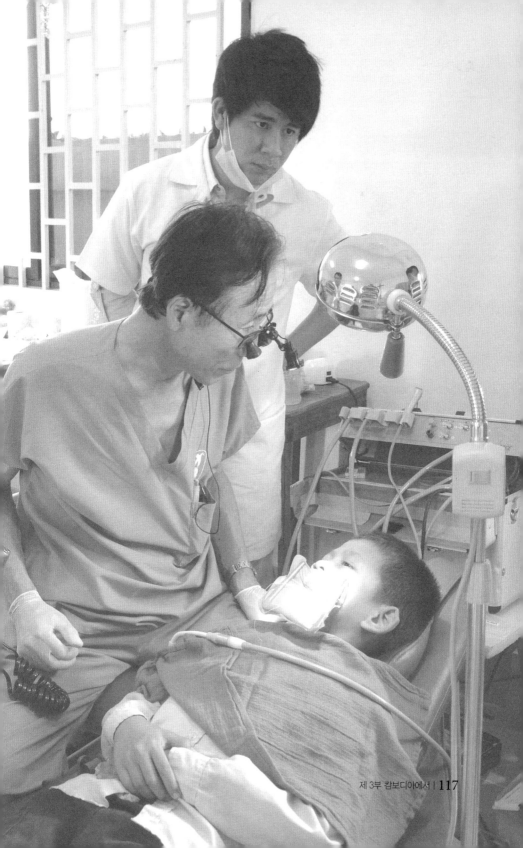

제4부

땅 끝까지

"모든 성도 중에
지극히 작은 자보다 더 작은 나에게
이 은혜를 주신 것은 측량할 수 없는
그리스도의 풍성함을
이방인에게 전하게 하시고
영원부터 만물을 창조하신 하나님 속에
감추어졌던 비밀의 경륜이 어떠한 것을
드러내게 하려 하심이라."
(에베소서 3장 8-9절)

12장 떨어지지 않는 발걸음

구금성 선교사

내 임기가 끝나가자 선교회에서는 CRM 후임 선교사를 물색하기 시작했다. 후보자로 물망에 오른 구금성(David Koo) 선교사는 미 육군 치과 군의관 출신이다. 구선교사님의 아버지, 할아버지, 그리고 외할아버지가 모두 목사님이셨다. 그래서 구선교사는 어려서부터 항상 선교사의 꿈을 꾸셨다고 한다. 그는 군에서 구강외과와 임플란트 시술에 교육도 받고 경험도 많았다. 구선교사는 제대 후 남가주 풀러톤 장로교회에 출석하고 있었다. 이 교회는 전적으로 캄보디아 선교에만 전념한 교회다.

구금성 선교사 가족

그들이 단기 팀으로 캄보디아에 왔을 때 우리 팀도 일부 함께 가서 돕기도 하였다. 그때 구선교사는 나의 권유로 나의 후임으로 캄보디아에 오기로 내정되었다.

그러나 형편이 여의치 않아 구 선교사는 캄보디아에 2016년 5월에 와서 2017년 4월까지 일 년을 섬기다가 가족과 함께 이라크로 떠났다. 구 선교사는 일 년 동안 내가 후임을 찾을 수 있도록 시간을 주기 위해 봉사해 주었다. 일 년 동안 그는 이동진료 사역을 책임 맡았고 색다른 경험을 이곳에서 쌓았다. 그 후 같은 사역을 이라크에서 하고 계신다. 하나님은 구 선교사가 잠시 캄보디아에 머무는 동안 이라크에서 해야 할 이동진료 사역을 미리 훈련시키셨던 것이다. 하나님이 하시는 일은 어떠한 것도 버릴 것이 없다. 우리 삶의 여정 속에 이해할 수 없는 일이 벌어질 때도 묵묵히 하나님의 뜻에 순종하다보면 왜 그 일이 우리의 삶에 일어나게 되었는지를 알게 된다. 그 일로 말미암아 하나님의 경륜을 감사하고 찬양하게 되는 것이다. 바울이 로마 감옥에서 에베소 교회를 향해 하나님의 측량할 수 없는 경륜을 찬송했듯이 우리도 범사에 하나님을 인정하고 찬송하자.

"모든 성도 중에 지극히 작은 자보다 더 작은 나에게 이 은혜를 주신 것은 측량할 수 없는 그리스도의 풍성함을 이방인에게 전하게 하시고 영원부터 만물을 창조하신 하나님 속에 감추어졌던 비밀의 경륜이 어떠한 것을 드러내게 하려 하심이라."(엡 3:8-9)

구금성 선교사는 CRM 선교부에서 정한 목표액을 채우기 위해 개인적으로 열심히 모금활동을 하면서 전 가족이 하와이에 가서 열방대학에서 훈련을 받고 있었다. 그러던 어느 날 캄보디아가 아닌 이라크에서 현장 교육을 받고 싶다며 CRM 선교부에 자신의 의사를 알려왔다. 그래서 우리는 캄보디아로 헌신한 장기 선교사이니 이왕이면 캄보디아로 오셔서 전 가족이 함께 현장실습을 하도록 간곡히 요청했다. 우여곡절 끝에 결국 CRM 선교부는 캄보디아로 오든지 이라크로 떠나든지 양자택일을 하라고 최후통첩을 내렸다. 그래서 결국 구금성 선교사는 YM 선교회의 소속으로 이라크에 치과의료 사역자로 나가 지금은 시리아 난민촌(이라크 커디스탄 지역)에서 사역하고 있다.

나는 그를 포항 대흥교회(이흥빈 목사)에 추천하여 캄보디아 후임 선교사로 임명장을 받게 했으나, 결국에는 우리와 상관이 없는 YM 선교사로 이라크로 떠났다. 결국 어떻게든 예수 그리스도의 복음이 전해지는 것이 중요하지 않겠는가? 지금도 포항의 대흥교회는 이라크의 구금

스님에게 침술 시술을 하고 있는 구금성 선교사의 누나 한방진료는 처음 있는 일이라 걱정했는데 즉각 효과가 있어 대 인기였다.

성 선교사를 후원하고 있다.

구 선교사는 2017년 7월 이라크 커디스탄에 도착해서 그곳 시리아 난민 캠프에서 이동 치과 진료 사역을 했다. 거기서 지방도시 중심지인 도훅에 거주하면서 치과대학에서 가르치고 있다. 도훅은 모술에서 50킬로 이르빌에서 100킬로 정도 떨어진 도시로 에지디 소수민족의 난민촌이 세워진 곳이다. 그는 2018년 말에 자녀들 교육 때문에 요르단(Jordan)으로 이주해서 그곳에서 지금은 시리아 난민을 위한 이동진료 사역을 하고 있다. 지금도 커디스탄 치대에서 두 달에 한 번 정도는 계속 가르치는 사역을 하고 있다.

빈민선교부 치과병원을 MMC 병원으로 이전함

유료 치과 병원 뿐 아니라 빈민 치과병원을 향한 나의 기도는 지금도 계속되고 있다. 2016년 중순부터 남침례 선교병원에서(CSI)에서 Mercy Medical Center(MMC)로 이름이 바뀐 빈민선교병원은 다른 선교부에서 오신 티모시 밴아담 (Dr. Timothy Benatham)이 원장으로 운영하고 있었다. 이유는 남침례 선교부에서 선교비 지원이 격감했기 때문이다. 나는 2017말로 예정된 선교사 퇴임을 준비하면서 2017년 중순부터 빈민선교부 소유의 치과를 MMC로 넘기는 작업을 원장과 함께 진행했다. 모든 치과 장비를 무상으로 넘기는 합의서에 서명하고 2년 동안 풀타임으로 내 밑에서 MMC 치과에서 일하던 닥터 분따에게 치과 과장을 맡기기로 합의했다. 2016년 12월1일 부로 닥터 분따와 간호사 몇 명이 병원 직원이 된 것이다.

그러나 일 년쯤 지났을 때 닥터 분따가 병원을 그만두겠다고 내게 알려왔다. 병원 매니지먼트와의 불화가 있었던 모양이다. 난 간곡히 분따에게 너의 잘못도 있으니 참고 계속 근무할 것을 강권했다. 그래도 요지부동이기에 나는 그를 나에게 추천해준 공 베드로 선교사에게 도움을 청해봤다. 분따를 만나본 공 선교사는 그 정도면 분따가 일 할 수 없으니 떠나도록 허락해 줄것을 내게 조언했다. 캄보디아 문화를 잘 아는 공 선교사의 조언을 듣고 나서야 나는 닥터 분따의 심정을 조금이라도 이해하게 되었다. 그러나 분따는 장학금을 받은 이상 앞으로 3년은 더 선교기관에서 일하든지 장학금을 다시 돌려주든지 해야 하는 입장이 되었다. 장학금을 지급할 때 선교회와 맺은 약정이기 때문이다. 우리는 분따를 위해서 고심을 좀 했다. 마침 그 무렵 캐나다에서 오신 정병설 선교사가 이동 진료 사역만 전문으로 하시는데 치과의사와 간호사가 필요하다고 했다. 나는 정 선교사께 닥터 분따를 소개해 주었다. 나는 과거에도 정 선교사에게 의사들을 소개했고 그때까지도 그들이 정 선교사의 이동 진료 사역을 함께 해오고 있었다. 정 목사는 경험 있는 닥터 분따를 대환영했고 분따는 지금도 거기서 정 선교사와 함께 일하고 있다.

결국 닥터 분따가 정 선교사에게로 떠나고 난 후 빈민 치과 병원은 크리스천 치과의사를 구하지 못해 티모시 원장은 치과 장비를 치우고 검안과를 개설했다고 한다. 치과 장비들은 병원이 신축 건물로 이사한지 3년이 되던 해에 다 새로 산 고가의 것들이었다. 그 비싼 장비들이 쓰이지도 못한 채 창고에 묻혀 있으니 참으로 안타까운 일이다. 하루 빨리 빈민들을 위한 치과가 다시 열리기를 간절히 기도한다.

닥터 마까라 원장
나는 두 병원 사역(유료 치과 병원과 빈민 치과병원)의 후임 선교사를 찾기 위해 백방으로 수소문했으나 끝내 크리스천 치과의사를 찾지 못했

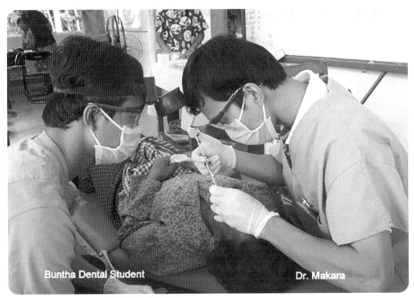

환자를 치료하는 닥터 마까라 원장(오른쪽)

다. 그래서 현지인 닥터 마까라 원장에게 닥터 챈 빠냐를 붙여서 유료 치과 병원(For Profit)을 넘겨주었다. 닥터 챈 마냐는 내가 IU대학에서 가르쳤던 크리스천 의사였다. 원장 마까라는 내가 깊이 신뢰하는 사람이었다. 마까라에게 병원을 완전히 이양하고 나는 캄보디아를 떠나올 수 있었다. 지금도 마까라 의사가 유료 치과 병원을 잘 운영하고 있다. 빈민 치과병원(Mercing Medical Center)은 아직도 의료 선교사를 기다리고 있다. 주께서 하루속히 그곳에 헌신된 의사를 보내주시기를 기도한다.

우리는 이렇게 14년간의 캄보디아 생활을 마치고 미국의 집으로 돌아왔다. 나는 다시 2018년 5월 IU대학의 마지막 아말감충전 강의를 위해서 5개월(5~9월)간 캄보디아를 방문했다. 마침내 나의 캄보디아 의료 선교 사역은 2018년 10월 2일 도미함으로 일단 막을 내리게 되었다. 사랑하는 나의 아내요 친구요 동역자인 티나 선교사와 함께 우리는 14년간

(2004-2018년)에 걸친 캄보디아 의료 사역을 마치고 떨어지지 않는 발걸음을 미국으로 옮겨야했다.

오 나의 사랑하는 캄보디아여!

짧지 않은 세월 동안 부족한 우리 가정을 통해 캄보디아를 섬기게 하신 우리 주 예수 그리스도께 모든 영광과 감사와 존귀를 올려드린다!

"내가 달려갈 길과 주 예수께 받은 사명 곧 하나님의 은혜의 복음을 증언하는 일을 마치려 함에는 나의 생명조차 조금도 귀한 것으로 여기지 아니하노라."(사도행전 20:24)

캄보디아 문화체험 ▶ 망고

캄보디아의 망고는 세계 제일이다. 오월에 수확하는 "보통 망고"는 수확하는 양도 많고 흔하지만 미국에서 수입하여 먹는 남미의 망고보다는 훨씬 맛이 있다. 누가 뭐라고 해도 최고 품질의 망고는 역시 "스바이쩐"이다. 색깔이 옅은 노란색에 작은 오이씨를 확대한 모습이다. 달콤하면서도 향기로운 스바이쩐의 맛은 현지인에게도 최고품으로 주로 고급 선물용으로 유통되고 있다. 또한 속이 초록빛이 나는 작은 "네모진 망고"는 맛이 독특하다. 익지 않은 이 네모진 망고는 야채 샐러드처럼 먹기도 하는데 익지 않았을 때는 속이 단단하고 하얗다. 마지막으로 작고 "둥글둥글한 망고"는 색깔이 주황색으로 달고 신맛이 난다. 아직도 열대 캄보디아 망고의 맛과 향기는 나를 행복하게 한다.

"너희 안에서
착한 일을 시작하신 이가
그리스도 예수의 날까지 이루실 줄을
우리는 확신하노라"
(빌립보서 1장 6절)

13장 나의 사랑하는 동역자들

부족한 우리 가정을 통해 캄보디아를 향한 하나님의 사랑을 나눔에 있어 도무지 잊어버릴 수 없는 소중한 사람들이 있다. 그들이 없었다면 나의 캄보디아 사역은 힘들고 어려웠을 것이다. 소외된 그들을 향한 자그마한 빛도 발하지 못했을 것이다. 14년간에 걸친 사역을 회고하면서 나는 다시 한 번 나의 소중한 친구요 동역자요 스승이었던 그들을 추억하고 싶다.

1. 팀 리더 마크 스미스(Mark Smith)와 수잔(Susan)선교사

우리 부부는 2004년 8월 6일에 캄보디아 수도 프놈펜 공항에 내렸다. 찌는 듯한 열기가 온 몸에 확 느껴졌다. 드디어 열대의 땅 캄보디아에 도착했구나 싶었다.

팀장 마크 스미스 선교사와 그의 부인 수잔 선교사가 우리를 마중 나와 있었다. 그들은 시내 강변 가까이 있는 작은 호텔로 우리를 안내하고 다음 날부터 우리가 살 곳을 찾기 시작했다. 우리가 소속된 빈민 선교부(InnerChange)는 도시 빈민촌 안에 살면서 사역하는 것이 원칙이었다.

내가 속한 팀은 우리 가정을 포함해서 여섯 가정과 세 분의 독신 선교사들로 구성되어 있었다. 팀 리더 마크 스미스는 볼티모어 출신이고, 데이빗 에버릿(David Everitt)은 콜로라도 스프링스 출신이고, 힙 힘은 캄

빈민 선교부(IC) 팀원들

보디아 난민 출신이며 부인은 메인 주 출신의 백인이었다. 이들 선교사 가족은 모두 고참 선교사들이었다.

용림(Yong Lim)은 독신 남자 선교사로 플로리다 출신이며 컴퓨터 전문가로 우리 가정과 뗄 수 없는 귀한 사역을 했다. 헤이든 스월(Hayden Swerl)은 독신 남자 선교사로 중부 알칸사 출신이며 우리 가정과 같이 들어왔다. 독신 여자 선교사 다이안 모스는 아틀란타 출신으로 캄보디아 꼼뽕짬 시에서 에이즈(AIDS) 재활을 맡은 고참 선교사 중 한 분이었다. 호주 맬번 출신인 크리스 이벤(Chris Even)과 미 동부출신인 대니 콜롬바라(Danny Colombara)는 우리보다 6개월 정도 먼저 들어온 분들이다. 크리스(Chris)와 대니(Danny)가족 그리고 헤이든(Hayden)은 팀장 마크 주변에 옹기종기 모여 살면서 언어공부에 열심이었다. 그때 우리 팀이 사역한 빈민 동네 이름은 프놈펜 시내에 있는 벙뜨라백이다. 그 마을은 몹시 낙후되어 자동차가 들어갈 만한 골목길 하나 없었다. 데이비드는 자녀들이 초등학교를 다니고 있어서 좀 나은 곳으로 나와 살았는데 우리도 나이가 많다고 데이비드 선교사 집의 건너편에 살게 되었다.

팀장인 마크는 성품이 온화하고 학식이 깊고 성경을 쉽게 잘 가르치는 멋진 분이었다. 현지 언어에도 능통하여 주일이면 캄보디아 현지교회에서 성경을 가르치는 사역을 했다. 부인 수잔도 현지어에 능통하여 남편을 도와 여성들을 가르쳤다. 그녀는 팀 전체의 일에도 솔선수범했다.

마크는 정부와 관계된 팀의 일들을 도맡아 처리했다. 팀원의 비자문제, 에이즈 재활센터의 정부허가와 보고, 그리고 3년마다 갱신해야하는 허가서 발급 문제 등 관공서를 상대해야 하는 어려운 일들을 도맡아 처리했다. 정부와 관계된 일들은 여간 까다로운 게 아니었다. 거기 행정 공무원들은 아무 이유 없이 퇴자를 놓고 골탕을 먹이며 때로는 은근히 돈을 요구하기도 했다. 그는 캄보디아에 온지 오래된 선임이어서 다른 선교부 선교사들과도 교류가 깊었다. 우리는 어려움에 처할 때마다 그에게 가서 상담하고 그의 도움을 받곤 했다.

그의 아내 수잔은 우리가 설사병, 말라리아, 댕기열병에 걸리지 않도록 그 예방법을 알려 주었다. 마크는 선교본부 모임과 아시아 권역별 리더 모임에도 다녀와야 하기 때문에 해외여행이 잦았다. 또한 그는 인턴 교육을 시킬 때 캄보디아 국민 85퍼센트가 불교신자이므로 이곳에서 선교를 하려면 불교에 대해서 알아야한다고 역설했다. 그는 대승과 소승에 대한 불교 전반을 개관하면서 캄보디아는 소승불교를 따르므로 소승불교에 대해서 좀 더 자세히 가르쳤다. 그리고 불교를 무시하는 태도를 갖지 말고 참된 진리를 소개하는데 겸손하라고 일렀다. 더 나아가 팀원들이 일 년에 한번 정도는 4-5일 동안 휴식을 취하면서 개인 묵상시간을 갖고 그동안의 사역을 돌아보고 영적 상태를 바로잡을 수 있도록 도와주었다. 일 년에 2주간의 휴가를 반드시 갖되 미국에는 가지 말고 주변국이나 캄보디아 내에서 쉬도록 권면했다. 미국여행은 안식년에만 허용해 주었다. 사역이 바빠서 개인묵상이나 휴가를 소홀히 할 때는 일단 모든 사역을 멈추고 휴가를 떠나라고 명령했다. 또한 선교본부에서는 매년 상담심리 선교사를 보내서 부부관계 및 여러 영역에서 상담을 받도록 주선해 주었다. 마크 팀장은 14년 전에는 콧수염이 잘 어울리는 젊은 분이었는데 이제는 60에 접어들면서 머리카락이 많이 빠졌다. 누구라도 세월을 빗겨 갈 수 없나 보다. 돌아보건대 우리가 사역을 다할 때까지 팀장 마크의 도움과 사랑은 변함이 없었다. 그의 섬김은 영원히 잊을 수 없을 것이다. 그는 지금도 캄보디아에서 팀장을 맡아 사역하는 신실한 일꾼이다.

2. 데이빗 에버릿(David Everitt)과 리사(Lisa) 선교사

데이빗과 리사는 1996년에 들어온 고참 선교사 부부다. 두 분 다 활달하고 친화력이 강한 분이었다. 데이빗은 CSI(Cooperative Service International)의 선교병원을 설립할 때부터 설립자의 한 사람으로 참여했다. 우리는 데이빗 에버렛 가족과 가까이 살면서 같은 병원에 근무한 까닭에 빨리 친해졌다. 그는 현지어에 능통하여 병원 안에 있는 의료진과 의사 진행이 활발했을 뿐 아니라 현지인 종업원들을 두루 통솔했다. 그는 두 달에 한 번 꼴로 바퀴가 큰 모터바이크를 타고 차가 들어갈 수 없는 오지에 정기적으로 들어가서 순회 전도를 했다. 순회 전도 시에 응급처치 배낭을 싣고 가서 환자를 발견하면 즉시 응급치료를 하고 병원 입원이 필요한 환자는 입원을 주선하여 그리스도의 사랑을 삶으로 실천했다.

부인 리사는 행정 일에 능하여 팀장인 마크 스미스가 본부 책임자로 5년간 나가 있는 동안에는 팀장대행을 맡아 일했다. 데이빗은 자신이 담당하고 있는 오지에 우리의 진료 팀이 들어갈 때는 큰 모터바이크로 먼저 가서 본진을 기다리고 도와주었다. 부인 리사는 치료를 기다리고 있는 환자들에게 복음을 전한 후에 칫솔질하는 방법을 가르쳤다.

그들은 2016년 안식년으로 귀국한 후에 선교의 방향을 바꾸어 오레곤 주의 난민캠프에서 사역하면서 요르단이나 아프가니스탄 사역을 모색했으나 길이 열리지 않았다. 그는 2019년부터 다시 캄보디아에 가서 전에 해왔던 순회 전도 사역을 다시 계속하고 있다. 그는 이 순회 전도 사역을 "Prayer Circle"이라고 이름을 붙이고 지금도 큰 모터바이크를 타고 전국을 순회한다. 그는 매년 2회 큰 모터바이크를 탈 수 있는 선교사들과 현지인들로 팀을 만들어 이 사역을 하고 있다. 최근에 그는 터어키로 떠날 준비를 하고 있다.

데이빗은 유료 병원에서 치대생 임플란트 시술을 가르칠 때 시행했던 30분 성경공부를 예원(Yewon) 선교사와 교대로 해주신 분이다. 내가 성경공부를 가르칠 때는 닥터 마까라가 통역을 하므로 많이 가르칠 수 없었는데 데이빗은 현지어로 직접 가르쳤으므로 매우 효과적이었다. 원래는 팀장 마크에게 부탁했었지만 바쁜 그를 대신해서 데이빗이 해주었는데 많은 열매가 있었다. 데이빗과 리사 선교사 가정을 만나서 함께 일하게 해주신 주님께 영광과 감사를 돌린다. 최근에 그는 기도중에 "터어키로 가라"는 비전을 받고 그곳으로 비전여행을 떠날 준비를 하고 있다.

3. 용림(Yong Lim) 선교사

용림 선교사는 어렸을 때 난민으로 미국 플로리다 주 잭슨빌 근처에서 자란 분이다. 컴퓨터를 전공하고 회사에서 일을 하다가 캄보디아로 부름을 받았다. 그는 특별히 이동 진료 사역을 좋아해서 본인 사역의 중요한 한 부분으로 여겼다. 우리 이동 진료 팀이 들어가기 한 달 전쯤 미리 현장에 들어가서 숙소, 전기사정과 진료할 장소를 알아보는 것은 항상 그의 몫이었다. 팀이 이동 진료를 출발하는 날이 되면 큰 모터바이크를 타고 미리 출발해서 현장에서 우리를 기다렸다. 그는 컴퓨터 교육자였다. 밤(BAM) 선교사들이나 크리스천 학교들에 컴퓨터 문제가 생길 때는 언제나 그가 나가서 문제를 해결해 주었다.

키도 크고 건장한 그는 이동 진료 사역에서도 무거운 장비를 옮기고 진열하는 것을 도왔다. 진료할 때는 언제나 나와 함께 치료실 초입에서 환자가 어떤 치료를 받아야하는지를 결정하는 일(트리아즈)을 도왔다. 모든 궂은 일을 솔선수범했고 티나 선교사가 보고서를 작성할 때는 항상 컴퓨터 작업을 도와주어 그녀가 무척 고마워했다. 용림 선교사는 우리사역에는 없어서는 안 될 귀한 분이었다. 또한 그는 빛과 소금 중고등학교에서 영어를 가르쳤다. 한인 선교사가 운영하는 학교인데 시골에서 목회하는 캄보디아인 목회자 자녀들에게 양질의 교육을 제공하는 기숙학교다. 영어교사를 구하는 데에 어려움이 있어서 내게 부탁해 와 그는 잠시 그 학교에서 영어를 가르치기도 했다. 2018년에 MMC 선교병원에서 간호사로 일하는 영국출신 웬디(Wendy)와 늦은 결혼을 해서 지금은 행복하게 사역을 잘 하고 있다.

최근에 용림 선교사로부터 온 소식을 전하고 싶다.

"코로나-19 사태로 학교들이 온라인 수업을 하게 되어 도와달라는 부탁이 쇄도하고 있습니다. 평상시보다 외출이 많이 늘어나서 저는 더 위험에 노출되고 있습니다. Zoom and Google Classroom 기법이 순전히 흥미가 있어서 배워두었는데, 코로나-19같은 전염병이 닥칠 줄은 꿈에도 몰랐습니다. 하나님께서 전염병이 확산하는 환경 속에서 나를 쓰시려고 준비해 주신 것을 깨닫습니다.(It is amazing how God was preparing me for things without me knowing it). 하나님께서 저를 지켜주시고 힘주시도록 기도해 주십시오. 용림 선교사 올림."

4. 헤이든 스월(Hayden Swerl) 선교사

헤이든(Hayden) 선교사는 2004년 8월에 샌프란시스코에서 우리 부부와 같이 빈민선교부(InnerChange) 선교 교육을 2주간 받고 같이 캄보디아에 들어온 독신 선교사다. 그는 메노나이트 베트남 하노이 선교부에서 4년간 일을 하다가 우리 선교부로 오신 분이다. 그는 모험심이 강했다. 그는 초기에 현지어를 공부할 때 시내에서 한참 떨어진 시골 마을로 자원해 들어가 노부부가 사는 나무로 지은 허름한 집에서 숙식을 같이 하며 지냈다. 한 달 동안 그렇게 지내며 그들이 먹는 음식 그대로 같이 먹고 잠도 함께 자면서 언어와 문화를 배웠다. 전화도 불통인 지역에 그는 카메라 장비만 메고 들어갔다. 대신 동네 청년들과 사귀면서 농부의 생활을 몸으로 체험한 것이다. 그는 사진을 찍는 취미가 있어 좋은 카메라와 함께 빛을 반사하는 우산과 동영상 카메라 등을 갖추고 있었다. 웬만한 작은 사진관보다 좋아보였다. 그는 거기서 동영상을 제작했는데 그 중의 하나가 "선한 사마리아인"이다. 현지 청년들이 여러 배역을 맡아서 촬영했는데 그 때 제사장 역할을 내게 부탁해와서 나는 단역이지만 연기자가 되는 기쁨을 누리기도 했다. 그 동영상은 선교용으로 매우 유용하게 쓰였다. 즐겁고 흐뭇한 추억이다.

그는 브로슈어 제작도 탁월했다. 허성부 선교사가 설립한 ADC Lab

의 브로슈어도 그가 제작했는데 그가 떠난 지금도 그 사진들은 그대로 쓰이고 있다. 현지의 한 의사는 그 브로슈어 사진들을 병원 창문에 더덕더덕 붙여 광고용으로 쓰고 있기도 하다. 그는 현재 아랍에미리트에서 외국에서 온 건설노동자들을 상대로 선교활동을 하고 있다. 참으로 신실한 동역자였다!

5. 트리쉬와 안토니(Trish and Anthony) 선교사

안토니(Anthony)는 남침례선교부에서 행정 일을 보는 젊은 선교사였다. 당시 CSI(Cooperative Service International) 산하에는 많은 선교사들이 사역을 하고 있었고 동시에 선교 병원을 운영하고 있어서 행정 일이 많았다. 병원에서 일하는 의료 선교사들은 2년마다 비자를 갱신해야만 했다. 허가를 받은 NGO들은 비자가 무료였다(실제 가족 일인당 비자 비용은 1년에 250불로 매우 비쌌다). 단기 의료팀이 미국에서 오면 약품이나 기구들을 가지고 들어오기 때문에 세관에서 허가를 미리 받아야했다. 이렇게 공식허가를 받아야 CSI의 실적으로도 보고 될 수 있었다. 그러나 매번 세관에서 허가를 받는 것은 고역이었다. 그때마다 안토니가 대사관에 직접 가서 하루 종일 기다렸다가 오후 5시 문을 닫기 직전에야 공무원들이 내주는 허가서를 받아왔다. 매번 이렇게 비자를 받는데 어려운 까닭은 그들에게 돈(뇌물)을 주지 않기 때문이었다. 토니(우리는 안토니를 이렇게 불렀다)선교사는 깜뽕짬 주에서 짬족 선교도 했다.

우리도 토니 선교사의 신세를 매번 졌다. 2년마다 우리가 여권을 토니 사무실에 갖다 주면 토니는 대사관에서 비자를 받아 우리 사무실에 갖다 주었다. 또한 3년마다 나는 치과 의료 사역을 위해 치료 사역 계획과 재정 관계(지출과 예산) 서류를 정부에 제출해서 병원 사역의 허가를 받아야 했다. 이건 결코 쉬운 일이 아니었다. 매번 나는 토니와 함께 선교비의 내역과 치과 병원의 치료 내역, 그리고 이동 진료 사역의 치료 가치 등을 꼼꼼히 적었다. 특별히 모든 진료의 가치를 미국 달러로 환산해서 계산하는 과정도 여간 복잡한 게 아니었다. 까다롭고 힘든 과정을 거쳐서 매번 정부 보고서류를 작성을 해야했는데 그 골치 아픈 일을 토니가 모두 해 주었다. 정말이지 그의 수고를 나는 잊을 수가 없다. 지금은 이름을 밝힐 수 없는 나라(Closed Country)에서 사역을 하고 있다. 세월이 흘러 그도 지금은 오십이 넘었을 것이다.

6. 닥터 톰 러브(Dr. Tom Love)

2003년 샌프란시스코에서 열린 CDS 이사회에서 나는 닥터 러브(Dr. Love)를 처음 만났다. 샌프란시스코 이사회는 나의 캄보디아 선교사 파송 자격을 심사하기 위해 소집되었고 그때 닥터 러브는 이사회 정회원이었다. 이사회에서 그는 나의 파송을 적극 찬성해주었다. 그는 내게 매 3개월마다 회계보고서를 올리는 것만 주문했다.

그는 북가주 오클랜드에서 구강외과 전문의로 개업하고 있었다. 그는 해군 산하에 있는 미 해병 여단의 군의관으로 월남전에 참전한 전력을 갖고 있다. 장병들을 구하기 위해 생명을 걸어야 했던 순간도 많았다는 전언이다. 해병대에서는 전투부대 군의관을 "마린 닥(Marine Doc)"이라고 부른다. 그래서 닥터 러브도 마린 닥으로 일 년 간 복무했다. 그는 전선의 최전방에서 많은 해병 장병들을 살려낸 공으로 국가로부터 여러 무공훈장을 받기도 했다. 전역 후에도 베트남 참전용사 선교회(Vietnam Veteran With Mission/ VVWM) 이사로 매년 베트남을 방문하여 2,3주 동안 환자를 진료하고 있었다. 캄보디아는 베트남 바로 옆에 있는 나라

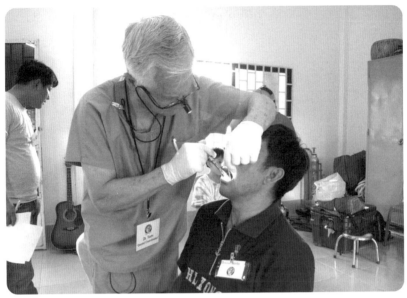

Dr. Tom Love

였기에 그의 관심이 높았으리라 생각된다.

나는 캄보디아에 도착한 2005년 후반부터 이동 진료를 시작하면서 약속한대로 이사회에 회계보고서를 제출했다. 내가 보낸 보고서를 본 톰은 2006년부터 베트남 진료를 끝내고 캄보디아로 와서 일주일씩 우리 팀에 다시 합류하여 이동 진료에 나섰다. 그 후 그는 매년 왔고 어떤 해는 두 번까지 그 멀리 미국에서 왔다. 그의 불같은 열정은 주변의 많은 분들에게 감동과 찬사를 불러일으켰다. 톰이 진료에 동참할 때는 그가 아는 주변의 의사들을 권면하여 같이 왔다. 그들 중 닥터 톰 다울링(Dr. Tom Dowling)이나 샌프란시스코의 닥터 매트 리우(Dr. Matt Liu)는 두 해 동안이나 함께 왔다. 메디컬 간호사 캐트린(Kathline)도 권유하여 두 해 다녀갔다. 이동 진료에는 치과 의사뿐 아니라 일반 메디컬 의사도 필요했다. 일반 의사도 최소 한 사람은 같이 나갔기 때문에 간호사도 필요했던 것이다.

닥터 톰 러브는 그때마다 두 플라스틱 상자에 그 분만이 가지고 있는 특수 장비를 갖고 왔다. 모든 발치 환자들은 그에게 보내지는데 힘든 사랑니 매복치도 특수 장비를 사용하여 순식간에 뽑아내는 재간을 발휘했다. 7,8명의 환자들을 일렬로 의자에 앉혀놓고 마취를 한꺼번에 한 후에 차례로 발치하는 신속한 기술은 경탄할 만했다. 이렇게 하니 하루에 100명 가까운 환자들을 돌본 적도 있다. 덕분에 다른 치과의사들은 살릴만한 치아를 살리는 치료에 더 집중할 수 있었다. 믿음이 신실한 부인 홀리(Holy)도 가끔 같이 오셨다. 홀리는 두 다리가 붓는 질환을 갖고 있음에도 함께 오셔서 남편을 도왔다.

한해는 VVWM 팀이 베트남을 가야하는 데 가지 않고 그의 주선으로 캄보디아에 오게 되었다. 그들은 규모가 큰 메디컬 팀이었다. 씨엠립 지역 선상마을(Floating Village) 주민들과 씨엠립 인근 시골마을을 진료하고 마지막 이틀은 태국 국경근처에서 진료했다. 캄보디아에서는 잘 알려진 씨탄 목사와 손을 잡고 추진한 일이었다. 물론 우리 치과 팀도 함께였다.

선상마을은 오래 전에 캄보디아로 이주해온 베트남인 주거지다. 그들은 땅이 없으므로 강이나 호수 주변에 배를 띄우고 고기잡이로 생계를 유지한다. 특히 씨엠립과 맞닿아 있는 톤래삽 호수에는 선상마을이 대집단을 이루며 살고 있다. 대대로 오랫동안 살아왔고 언어는 자신들의 말인 베트남어를 사용한다. 선상은행, 선상주유소, 선상교회, 선상상점들이 즐비하다.

닥터 러브는 이동 진료 시 하루일과를 마치고 저녁 식사 후에는 경건의 시간을 반드시 가질 것을 가르쳐주었다. 그날 하루 동안의 진료 사역을 돌아보며 문제점을 파악한 후에 그에 대한 개선책을 세우라는 주문이었다. 그는 서로 잘한 것을 칭찬하도록 하고 하나님의 도우심과 영적으로 바로서기를 간구하는 시간을 갖도록 철저히 교육했다. 우리는 그분의 불같은 믿음과 열정 그리고 캄보디아를 향한 뜨거운 사랑을 잊을 수 없다. 우리 사역의 시작부터 끝까지 함께 일하고 우리를 지도해준 그에게 감사와 존경을 드린다. 우리 사역을 위해 특별히 그분을 선택해서 보내주신 주님의 손길에 감사드린다.

7. 나의 소중한 동역자 황기수 선교사

우리는 캄보디아에 안착하자마자 이영희 선교사부터 만나기로 했다. 미국을 떠나기 전 본 교회(웨스트민스터 장로교회) 담임인 백창호 목사로부터 캄보디아에 가거든 이영희 선교사를 찾아보라는 당부가 있었기 때문이다. 이영희 선교사는 초등학교 교장 출신으로 부산에서 오셨으며 파송교회는 백 목사의 모 교회였다. 우리는 이영희 선교사를 수소문해서 만났다. 그녀는 캄보디아 국립공대 학생들에게 한글을 가르치고 있었다. 그 학교는 한국 정부가 지원하는 학교였다. 그녀는 황기수 선교사와 그의 부인 전신자 권사, 미국에서 오신 하혜자 권사와 정기적으로 기도회 모임을 갖고 있었다. 우리도 그 기도회에 참석했으며 그 자리에서 황기수 선교사 내외를 만났다.

황기수 선교사(장로)는 WEC 선교부 소속으로 1999년 8월 14일에 캄보디아에 오셔서 히즈 차일드(His Child)라는 고아원 건축공사를 책임지고 있었다. 그를 파송한 교회는 필라델피아에 있는 제일장로교회(미주 고신)였다. 그는 2년 동안 고아원 건축을 마치고 6개월간 프놈펜 대학에서 언어공부 과정을 소화했다. 50개 연필이 몽당연필이 되도록 그

황기수 선교사 부부

는 크메르어 철자와 문장을 써서 익히고 현지인과 회화를 연습했다. 그는 철저히 언어공부를 한 덕분에 교회 개척도 할 수 있었다. 우리가 만났을 때 황 선교사는 나보다 한 살 많은 63세였고 유창한 캄보디아어로 설교를 하고 계셨다. 그는 교회개척을 위해 장소를 물색하던 중 프놈펜에서 가까운 껀달주 따배 마을을 발견했다. 따배 마을은 유엔 평화협정으로 전 크메르 루주(Khmer Rouge) 소속 군인들이 정착하여 형성된 마을이다. 유엔은 호수 주변으로 6m x 15m의 땅을 크메르 루주 군인들에게 나눠주었었다. 집들은 전부 나무 집이다. 종려나무 잎사귀로 지붕과 벽을 막고 침수를 피하기 위해 높이 기둥을 지어 그 위에 초막을 이었다. 이곳 동장 뿌뿐은 전쟁 중에 한 팔을 잃은 분이었다. 그의 아내는 밍쩜라언이다. 황기수 선교사는 이들 동장 내외를 성심껏 섬기고 복음을 전하여 결신(決信)케 했다. 그는 그 동장 집에서 가정교회를 시작했다. 우리 부부도 관심이 많아 이 가정교회에 몇 번 참석했다. 부인인 밍쩜라언에게 믿음이 불같이 일어나서 그녀는 동네 사람들을 앞장서서 전도했다. 우리도 이 교회 개척을 돕기 위해 병원이 쉬는 토요일에 이동 치과 진료를 나가기도 했다.

황 선교사는 프놈펜 시내 중국대사관 뒤쪽 동네에서 오래 사셨다. 좁고 긴 4x15m 3층 집에 대학생 5,6명을 입주시켜 새벽기도회를 갖고 성경을 가르쳤다. 이를 학사라 부른다. 그는 이 학사 사역을 꾸준히 여러 해 운영하면서 그들을 주일학교 선생이 되게 하고 또 그들을 신학교에 진학시키거나 혹은 신실한 믿음을 가진 청년들로 키웠다.

그들 중에 제일 애지중지하던 학생이 하나 있었는데 그의 이름은 "써이하"다. 황 선교사는 그에게 데이비드(David)란 이름을 붙여주고 다윗이라 부르며 장래 목회자로 키워 교계의 기둥이 되게 할 원대한 계획을 가지고 계셨다. 황 선교사는 다윗을 필라델피아에 있는 웨스트민스터 신학교에 보내려고 나에게 미국 선교사를 소개해달라고 부탁했다. 나는 독신 선교사 헤이든을 소개하여 방과 후에 자주 만나 영어를 배우게 했다. 다윗은 매일 열심히 성경을 공부했다. 매일 아침 같이 차를 타고 집을 나설 때 가끔 황 선교사가 기도하고 떠나는 것을 잊은 채 자동차 시동을 걸면, 다윗이 기도를 하고 떠나자고 먼저 말할 정도로 신실한 청년이 되었다. 그런데 신학공부를 위한 미국 비자를 받기가 어려웠다. 결국 웨스트민스터 신학은 포기하고 한국으로 방향을 바꿔 원서까지 받아 놓았다. 그런데 그 시기에 엉뚱하게 이성문제가 터져 버렸다. 현지인 목사의 부탁으로 같이 성경공부를 하던 여학생과 넘어서는 안 될 선을 넘어 버린 것이다. 이 여학생은 매주 주일학교 교사로 봉사하던 처녀였다. 여학생의 고백으로 이를 알게 된 황기수 선교사는 다윗에게 결혼을 종용했다. 그러나 그는 그녀와 학력 차이가 커서 결혼을 못하겠다며 거절했다. 그에게 그 처녀와의 결혼을 강력히 권고했던 황 선교사의 실망과 낙심은 말할 수 없을 정도로 컸다. 결국 다윗은 학사를 떠나버렸다. 너무나 다윗을 아끼고 사랑하며 소중한 일꾼으로 키우고자했던 황 선교사의 꿈이 하루아침에 날아가 버린 것이다. 옆에서 그를 지켜보는 우리도 너무 민망하고 안타까웠다. 캄보디아 사회는 성도덕이 문란한 편이다. 많은 남편들이 아내와 아이들을 버려두고 가정을 떠난다. 그곳은 아직 성에 대한 도덕성이 제대로 자리잡지 못해서 그런 성 문제에 대해 관대한 편이다.

이제 황 선교사의 사역을 잠깐 소개하자. 그가 2004년 학사 사역으로 집에서 성경을 가르칠 때 그의 학생으로 초등학교 선생이 한 분 있었다. 이 초등학교 선생이 유치원 선생 짠튼을 소개해 주었다. 그런데 황 선교사가 짠튼을 만나면서 그의 사역은 새로운 국면을 맞게 된다. 짠튼 선생이 일한 곳은 따께오 주에 있었다. 그곳은 프놈펜에서 약 90분 거리에 있었는데 그 동네는 품트머이라고 불린다. 그 마을은 농사와 함께 양잠을 하여 실크를 짜내는 전통적인 캄보디아 시골 마을이었다. 따배와 달리 경제가 제법 안정된 오래된 동네였다.

그 당시 품트머이 동네 유지들과 초등학교 교장은 서로 합의하여 학교 내에 유치원을 세워 아이들을 가르치기로 했다. 그만큼 여유가 있는 동네였다. 그러나 유지들이 약속한 자금을 제대로 내지 않아 유치원은 곧 운영난에 빠지게 되었다. 그래서 짠튼은 자기 친구를 통해 황 선교사에게 도움을 청한 것이다. 동네를 답사한 황 선교사는 앞으로 좋은 사역지가 될 것이라는 비전을 보고 유치원 운영과 증축을 돕기로 했다. 그 유치원 선생은 믿음이 좋은 크리스천이었다. 황 선교사는 유치원을 크게 개축하고 유치원 선생을 늘렸다. 비로소 제대로 된 유치원이 탄생했다.

이 일로 황 선교사는 교장 선생님과 친해지고 교장과 몇몇 선생님들 그리고 동네 유지들을 모아 성경공부까지 시작했다. 그는 이 성경공부를 인도하는 일에 최우선 순위를 두고 목요일마다 먼 길을 마다하지 않고 운전하고 가서 성경을 가르치는 일에 심혈을 기울였다. 그곳 고등학생이 대학에 진학하면 학사에 머물게 하여 그들을 계속 지도했다. 2011년에는 필라델피아 본 교회(제일장로교회)의 후원으로 부지를 구입하고 2013년에는 마산 고신교회의 후원을 받아 유치원 겸 주일학교를 지었다. 2016년에는 미국 본 교회 담임 목사를 모셔 와 그동안 열심히 가르쳐온 동네 어른들 36명이 세례를 받도록 했다. 그 후 "베델동산 교회"라는 이름으로 정식교회를 그곳에 설립했다. 오전은 주일학교 예배를 드리고 오후에는 어른들이 예배를 드렸다. 2016년에는 유치원 부지 뒤로 연결된 땅 40mx90m를 구입하여 2018년 본당 예배당을 지었고 2019년에 헌당 예배를 드렸다.

우리 치과 의료팀은 황 선교사가 이 동네 성경공부를 시작하던 시절부터 세 번의 치과 이동 진료를 하여 황 선교사의 선교를 도왔다. 황기수 선교사는 치과 사역을 매우 좋아했다. 마땅한 병원 시설도 없고 삶의 여력이 없는 현지인들을 어떻게든 돕고 싶은 황 선교사의 마음을 보고 우리도 힘이 닿는 대로 돕기로 했다. 올 2020년 6월에도 치과 진료 사역은 이미 그곳에 예정되었는데 이 또한 황 선교사의 간곡한 부탁이 있었기 때문이다. 정말 감회가 새롭고 의미가 남다르다! 또 한 가지 중요한 것은 베델동산 교회는 이미 성인이 된 36명의 농부들과 동네 청년들을 세례교인으로 얻었다는 것이다.

내가 철수한 뒤부터는 닥터 마까라가 자기들의 수입으로 이동 진료를 나가고 있다. 그런데 코로나(COVID 19) 사태로 모든 예배와 진료 사역이 중지되어 이 사역계획도 연기되었다고 하니 안타깝다. 캄보디아는 불교문화가 뿌리 깊어 어른이 된 성인을 전도하기는 무척 어려운 환경이다. 그래서 대부분 교회 개척 시는 젊은 학생들이 대상이고 어른들은 겨우 두세 가정 정도인데, 품트머이 베델동산 교회는 풍성한 어른들과 청년들의 열매를 갖게 되었으니 주께서 황기수 선교사의 사역을 크게 축복하신 것이다.

황기수 선교사는 나의 영적 지도자였고 우리는 좋은 선교 동역자였다. 황 선교사 내외는 이제 미국에 돌아갈 집도 없다. 어떻게 하든 캄보디아에 뼈를 묻겠다는 각오로 캄보디아에 사랑과 헌신을 바치며 사는 분이다. 모든 영광과 존귀를 주님께 올려드린다!

8. 공 베드로 OMF 선교사와 함께한 사역들

우리가 프놈펜에 도착한 후에 닥터 추 내외가 오셔서 캄보디아 OMF에 한국 선교사 두 분이 계신다고 소개해 주었다. 한 분은 조학연 선교사로 프리뱅 주에서 교회개척과 유치원 사역을 하시는 분이고, 다른 한 분이 바로 공 베드로 선교사였다. 공 선교사는 시내에서 교회를 개척하여 매우 사역을 잘 하고 계셨다. 닥터 추 내외도 공 선교사가 개척한 "깔맵 교회"에 출석하고 있었다. 닥터 추가 오전 예배에 우리 가족을 초대해 주어서 한인 선교사로는 처음으로 공 베드로 목사를 뵙게 되었다. 공 목사는 마침 고향이 전남 고흥 분으로 나와 동향이었다. 또한 부인 김선아 사모님은 매산 학교 후배이기도 했다. 이런 인연으로 같은 OMF 선교부 소속인 닥터 추 내외와 공 선교사 부부 그리고 우리 부부는 매우 긴밀한 공조 속에서 사역을 함께 할 수 있었다.

우리가 군병원 내에 치과를 개업할 때도 당시 캄보디아 한인 선교회 회장으로 계신 공 선교사가 오셔서 축사를 해주었다. 치과대학에 보낼 장학생 한 사람 추천을 부탁할 때도 그때 고등학교를 갓 졸업한 훈분따를 추천해 주었다. 그분이 닥터 분따다. 공 선교사는 학사를 운영하셨기 때문에 많은 젊은이들을 알고 있었다. 예쁘장한 19살 난 레악까나도 공 선교사의 추천으로 만났다. 레악까나는 간호사로 일하면서 대학을 졸업하고 현재는 치과 이동 진료 사역을 하시는 정병설 선교사의 매니저로 일하고 있다. 더 중요한 일은 우리가 밤 선교로 유료 치과(For Profit)를 개업할 때 공 선교사께서 신실한 써일라를 소개해 준 일이었다. 써일라는 유복한 가정의 고명딸로 공 선교사 학사에 있었는데 집이 시내에서 멀리 떨어져 있어 통학이 어려워 학사에서 지내게 되었다. 훗날 써일라는 회계학을 전공하여 유료 치과병원의 재무를 담당하는 리셉션 책임자로 일을 맡았다. 그녀는 전적으로 믿을 수 있는 자매로 업무능력 또한 뛰어났다. 그녀는 학사에서부터 알게 된 신실한 목사와 결혼해서 시골에 내려가서 목회하며 유치원도 운영하고 있다. 나는 그녀를 시골 사역지로 보내면서 믿을만한 BAM 유료 치과의 직원을 잃게 되어 크게 아쉬웠지만 이 또한 하나님의 선교이기에 기쁨으로 보낼 수 있었다. 여담이지만 써일라는 그녀가 사랑하는 목사님과 결혼하기 전에 그녀의 아버지가 주선하여 은행에 취직한 일이 있었다. 그러나 2주 만에 은행을 그만두고 돌아와 버린 것이다. 그 당시 은행에 정식 직원이 되는 일은 쉬운 일이 아니었기에 이는 모두에게 놀랄만한 사건이었다. 알고 보니 은행에 취직해서 업무를 보는 일에 조금도 기쁨이 없었다는 것이다. 그래서 다시 믿는 사람들과 함께 일하는 사역의 현장으로 돌아온 것이었다고 한다. 눈에 보이는 것만 믿고 돈으로만 판단하는 이 각박한 세상에서 눈에 보이지 않는 참된 가치와 복음을 위해 자신의 삶을 드리고자하는 써일라의 선택은 두고두고 내게 교훈이 되었다.

공 선교사는 미국 아틀란타의 후원교회에서 치과 팀이 오면 세 차례나 우리와 함께 이동진료 사역에 나섰다. 그때 그곳 닥터 황이 기증한 고

가의 디지털 X-ray와 운용 프로그램이 들은 컴퓨터를 얼마나 유용하게 잘 썼는지 모른다. 공 선교사는 캄보디아에 교회를 세 개나 개척했다. 개척한 교회마다 성공적이었는데, 한국 OMF 선교회 디렉터로 들어가시면서 지금은 현지인들에게 교회를 모두 넘기셨다. 사랑하는 공 선교사를 추억할 때마다 그분의 너그러운 성품과 함께 누구보다 캄보디아의 문화를 잘 이해하여 많은 타지 선교사들을 돕던 모습이 떠오른다. 교회 개척도 탁월하게 하셨던 멋진 선교사로 오래도록 기억에 남을 것이다. 그분과 함께한 캄보디아의 사역은 나의 신앙여정에 큰 위로와 도전이 되는 복된 시간이었다.

9. Dr. Yewon과 Dr. Chern Chern Choo 선교사

2004년 1월 캄보디아 비전여행 때 닥터 예원 추 선교사는 내가 CDS에서 OMF 소속의 치과 의료 선교사들을 인터뷰할 수 있도록 자리를 마련해 주셨다. 이렇게 만난 닥터 추 내외는 나의 캄보디아 의료 선교 사역에서 가장 중요한 동역자가 되었다. 이분들은 캄보디아의 치과 의료계 실상을 나에게 자세히 알려주었고, 내가 데리고 일할 졸업반 크리스천 치대생을 소개해 주었는데 그가 닥터 쏙하 미어스다. 그는 치대 졸업반 학생으로 치대생들 중 유일한 크리스천이었다. 또한 내가 진료를 하면서 가르치고 전도할 학생들도 물색해 주었다. 두 분 다 유일한 국립치대(정원 25명)에서 일하고 계셨다.

이분들은 1996년에 말레이시아에서 오신 분으로 캄보디아에 선교의 문이 열린 초기에 들어왔다. 젊은 나이에 들어왔고 두 분 다 캄보디아 언어 크메르어를 유창하게 구사했다.

부인 천천 추는 특별히 언어에 재능을 가진 특출한 분이며 성품이 외향적이어서 현지인들과도 소통을 매우 잘했다. 한때는 신참 OMF 선교사들의 언어교육을 평가하는 심사관이기도 했다. 닥터 천천은 교정 전문의가 없어서 중요한 교정학을 제대로 가르치지 못하는 캄보디아 상황을 안타깝게 여긴 나머지, 본인이 직접 싱가포르 치대에서 3년간 교정학을 공부한 후 교정 전문의가 되어 돌아왔다. 그 후 대학원에서 그녀는 교정 전문의를 양성하고 있다.

이분들은 나를 캄보디아 기독 치과 의료 선교회에 소개하여 한 달에 한 번 열리는 전도 및 치과보수교육에서 내게 가르치는 기회를 만들어 주었다. 기독 치과 의료 선교회 모임은 캄보디아에서 제일 큰 뉴라이프 교회에서 열렸다. 30분 동안 탕백호 담임목사가 직접 복음을 전하고 그 후 한 시간 정도 강의를 진행하는 형식이다. 이 모임에는 믿지 않은 의사들도 적극 초대하는데 내 강의는 닥터 천천이 통역을 맡았다. 회장인 닥터

Dr. Yewon과 Dr. Chern Chern Choo 선교사

써레이(Dr. Serey)는 이 교회 집사였다. 그의 부인은 IU 대학에서 내가 가르친 제자였다. 나는 기성의 의사들이 제대로 배우지 못한 근관치료학과 실습, 틀니 제작에 대해서 가르쳤다. 닥터 써레이는 모든 OMF 선교사와 가족들을 나의 ADC 유료 병원으로 보내 ADC 유료병원에 도움을 주었다. 닥터 추 내외가 다니던 교회는 OMF 소속 한인 선교사 공 베드로 목사가 담임으로 있는 교회다. 미국 후원교회의 단기 이동 진료 팀이 기증한 새 디지털 손 X-Ray를 우리 ADC 유료 병원에서 쓰게 하고 본인들이 이동 진료를 나가면서 빌려 쓰고 돌려주곤 했다.

닥터 예원은 ADC 유료 병원에서 임플란트 교육 전에 시행하는 성경 공부를 맡아 캄보디아 말로 잘 가르쳤다. 그의 성경공부 슬라이드는 잘 만들어져 있었다. 닥터 천천은 내가 좋아하는 치즈 케익을 전문가 못지 않게 잘 만들어 와서 우리를 즐겁게 해주었다. 우리는 처음 만나 인터뷰할 때부터 마지막 철수할 때까지 서로 호흡이 잘 맞는 동역자였다. 하나님께서 이렇게 좋은 동역자들을 예비해 놓으셨을 줄은 꿈에도 몰랐다. 하나님 아버지 감사합니다!

10. 울산 대흥교회와 이흥빈 목사

나는 사역의 재정적인 후원 대부분을 미국에서 받았다. 그리고 한국에서는 유일하게 울산 대흥교회(통합)에서 큰 도움을 받았다. 울산 대흥교회와의 연결은 뜻밖의 방법으로 이루어졌다. 이미 고인이 되신 장모님이 LA 한인 타운 노인아파트에 사시면서 등대 교회에 출석하고 계셨다. 장모님은 노인반 기도회에서 나의 선교사역을 위해 정기적으로 중보 기도를 드리고 계셨다. 울산 대흥교회 이흥빈 담임목사는 등대교회 선교부 담당 목사이신 최성일 목사와 장신대 동기였다. 어느 날 이흥빈 목사가 최성일 목사께 선교사 한 분을 추천해 달라고 요청하셨고, 그때 최 목사가 나를 추천하신 것이다. 십여 명의 파송 선교사(전부 파트타임)가 이미 있었지만 캄보디아는 내가 처음이었다.

나는 한국에 이력서를 제출하고 기다렸다. 마침내 인터뷰를 한 후 이흥빈 목사의 허락이 떨어졌다. 이 목사는 주일예배 후 임시당회를 열어 나의 치과 의료 선교사역 내용을 당회에 설명케 하셨다. 그 후 당회의 허락이 있었고 귀임한 후 한 달 정도 뒤에 다른 두 분의 선교사와 함께 파송예배를 드리게 된 것이다. 그 후 울산교회는 꾸준히 선교비를 보내주어 캄보디아 사역에 큰 도움이 되었다.

나의 후임선교사 닥터 데이비드 구(Dr. David Koo, 구금성)도 나와 같은 절차를 밟아 캄보디아로 파송을 받았다. 그러나 구 선교사는 캄보디아에서 1년간 사역 후에 국제 YWAM에서 이라크 커디스탄 지역으로 가게 되었다. 그래서 대흥교회는 지금도 이라크의 구금성 선교사를 계속 후원 중이다. 어떠하든지 예수 그리스도의 복음이 널리 가득 선포되는 것이 주께서 기뻐하실 일이다. 그곳이 캄보디아든 이라크든 성령께서 인도하시는 대로 우리들은 순종할 것이다. 아멘. 주 예수여 어서 오시옵소서!

캄보디아 문화체험 ▶ 캄보디아의 소수민족

인구 1500만을 자랑하는 캄보디아는 동 부 산지에 24개 부족이 살고 있다. 그 중 부농(Bunong)족은 우리 선교사들과는 매 우 특별한 관계를 맺고 있다. 이들 인구는 37,500명으로 소수민족 중에서 규모가 큰 편이며 몬둘끼리 주에 살고 있다. 이들은 베 트남과 국경을 맞대고 있는데 베트남 땅에  도 그만큼 부농 족이 살고 있다. 그들은 같은 언어를 쓰고 있기 때문에 나라가 달라 도 국경을 넘어 서로 교류가 활발하다.

부농 족은 단순한 미신을 믿고 있었기 때문에 복음을 잘 받아들였다. 그 중의 오래 양이란 마을은 우리 선교부의 데이비드 에버렛이 자주 방문 사역하는 곳으로 일명 예수마을이다. 이 마을의 5,60가구 중 두 가구만 빼고 전부 예수를 믿기 때문에 예 수마을이란 이름이 붙여진 것이다.

우리는 처음에 험한 길을 뚫고 예수마을에 1회 이동 진료를 나갔다. 부스라에 2회, 다담교회에 1회 등 모두 네 번에 걸쳐 부농족을 위한 이동 진료를 했다. 이들은 베 트남 알파벳을 사용하여 만든 부농어 찬송가를 쓰고 있었다. 이들의 전통 가옥은 종려나무 가지를 두껍게 엮어서 오두막을 짓는 것인데, 추위를 막기 위해 문이나 창을 조그맣게 만들어서 눈병이 많았다. 지금은 거의 모두가 개량된 가옥에서 산다. 가장 큰 부스라 동네에는 500명이 모이는 교회(Vihear Nom Paug Chi Vet)가 있 고 담임목사는 친틴이다. 또 300명이 모이는 교회(Vihear Lumper)가 가까이 있는 데 그 교회 담임목사는 얀트롤이다. 놀랍게도 온 마을이 다 교인인 셈이다. 주께서 하시고자하면 무엇이든 이루실 것이다!

몬둘끼리 주 북쪽은 라타나끼리로 재라이 족이 살고 있었다. 우리는 라타나끼리에 도 세 번에 걸쳐 진료를 나가서 크랙 맬로우 OMF 선교사의 교회개척을 도왔다. 성 경번역 선교회(Wycliff)에서 현재 재라이 어로 성경번역을 하고 있다. 그들의 현재 주택은 거의 개량된 나무 집이다. 캄보디아 곳곳에 흩어져 사는 소수민족들이 하 루속히 그리스도 앞으로 나아와 그분의 사랑과 은택을 누리는 캄보디아이길 두 손 모아 기도한다.

"오직 성령이 너희에게 임하시면
너희가 권능을 받고 예루살렘과 온 유대와
사마리아와 땅 끝까지 이르러
내 증인이 되리라."
(사도행전 1장 8절)

14장 후기 새로운 태동을 꿈꾸며

지나온 캄보디아의 14년!

쏜살처럼 흘러간 세월은 모두 하나님의 은혜였다. 하나님의 은혜가 아니고서는 어느 것 한 가지도 이룰 수 없었던 순간들이고 사역들이었다. 앞만 보고 달려온 14년 사역을 마무리하면서 돌이켜보니 나의 계획과 하나님이 원하시는 계획은 사뭇 달랐던 것을 고백하지 않을 수 없다.

캄보디아로 들어갈 때 나의 계획은 국립치과대학에서 가르치는 것이었다. 그러나 우리 가정을 향한 하나님의 계획은 가르치는 일이 아니라 가난한 백성들을 위한 치료 사역이었다. 칫솔도 없고 치아도 없는 캄보디아의 빈민들과 함께 동고동락하는 복된 14년이었다. 감사하게도 2009년부터 치과대학(IU)에서 가르치는 사역도 함께 열어주셔서 기쁨으로 감당할 수 있었다. 캄보디아의 젊은이들과 함께 하는 사역은 너무나 즐거웠다. 병원과 학교사역 그리고 이동 진료 사역은 힘이 들었지만, 이동 진료를 다니면서 학생들과 캄보디아 주민들에게 십자가의 복음을 전하고 심어줄 수 있어서 큰 보람이고 기쁨이었다.

선교현장에서 재정에 어려움을 겪던 차에 비즈니스 선교(BAM)를 통해 유료 치과 병원을 운영함으로써 재정에 큰 힘을 얻고 이동 진료 사역을 더 풍성히 다닐 수 있었다. 하나님이 우리 사역에 베풀어주신 예기치 않은 놀라운 선물이었다. 그리고 모든 사역을 마치고 떠나오면서 내가 복음을 전해 그리스도인이 된 현지 사역 파트너 닥터 마까라에게 현지 치

과 병원을 넘길 수 있었던 것은 전적으로 하나님의 도우심과 은혜였다. 지금도 닥터 마까라가 운영하는 그 병원이 잘 되고 있으니 얼마나 감격스러운 일인지 모른다.

이제는 그들도 자신이 번 돈으로 병원이 없는 오지의 민족들을 위해 이동 진료 사역을 할 수 있기를 바란다. 믿음이 없이는 불가능한 사역이다. 오직 주께서 닥터 마까라에게 불같은 믿음을 주셔서 이 사역을 잘 감당하도록 간절히 기도한다. 전도를 잘하는 랭찬행도 다른 사업까지 잘할 수 있도록 주께서 도와주시기를 기도한다. 불교국가에서 오직 그리스도를 믿는 믿음 때문에 혼기를 놓치고 시집을 가지 못한 네 처녀들을 위해 간절히 기도한다. 믿음이 좋은 신랑감들을 그들에게 보내주셔서 그들이 행복한 가정과 신앙생활을 할 수 있기를 간절히 기도한다. 그동안 복음을 치과대학생들에게 열심히 뿌렸지만 열매는 매우 적었다. 하지만 뿌려진 복음의 씨앗이 싹이 트고 줄기가 자라 튼실한 열매를 맺는 날이 오기를 간절히 기도한다.

2017년 12월 17일 캄보디아 사역을 마치고 캄보디아로부터 미국의 집으로 귀국했다. 내가 떠나던 날 마지막 파티에서 닥터 마까라의 간증은 장내를 숙연케 했다. 내게는 놀랍고도 큰 감동이었다. 지금도 사랑하는 닥터 마까라 고백은 나를 울컥하게 만든다.

간증 **"마지막 송별식장에서의 마까라의 간증"**

　내 이름은 닥터 마까라입니다. 내가 처음 닥터 조를 만났을 때는 국립 의대 졸업반 학생이었습니다. 나의 절친한 친구요 클래스 메이트였던 닥터 쏙하 미어스의 소개로 졸업하기 5개월 전에 닥터 조를 만나 함께 일하게 되었습니다.

　나는 독실한 불교집안 출신입니다. 일을 시작하는 첫날부터 먼저 찬송을 부르고 성경공부를 하는 모습은 대단히 이상해 보였습니다. 이런 광경을 처음 겪었기 때문입니다. 직원들은 일을 시작하기 전에 노래를 부르고 성경책을 읽고 하나님에 대해 이야기를 나누었습니다. 이런 활동은 매일 아침 반복되었습니다. 나의 목적은 닥터 조로부터 의술을 배우고 학비를 버는 것이었습니다. 나는 파트타임 일을 하며 75불씩 졸업하기 전까지 받았습니다. 졸업 후에는 풀타임 치과의사로 일을 하기 시작했습니다. 일을 하는 동안 나는 멀리 시골까지 이동 진료를 따라 나갔습니다. 난 닥터 조와 그의 팀원들이 가난한 사람들을 치료하기 위해 열정적으로 일하는 모습을 보면서 감동을 받기 시작했습니다. 특별히 이동진료 사역에 많은 시간과 돈을 할애하는 것을 보면서 처음에는 이해하기가 어려웠습니다.

　난 가끔씩 닥터 조가 왜 아름다운 미국의 풍요로운 삶을 포기하고 가난한 나라에 와서 가난한 사람들을 치료하며 그렇게 힘들게 고생하는지 이해하지 못했습니다. 비록 내가 그를 이해하지 못했지만 그와 함께 일하는 것이 싫지는 않았습니다. 나도 남을 도와주는 것을 좋아하

닥터 마까라 가족

는 성격이었기 때문입니다. 난 자주 내가 왜 이런 힘든 일을 해야 하는지 스스로에게 묻곤 했습니다. 나의 동기들은 유명한 치과 병원에서 나보다 훨씬 많은 보수를 받으며 잘 나가고 있었고 또한 그들이 나에게 함께 일하자고 권면도 했기 때문입니다. 그때마다 내 마음은 흔들렸습니다. 왜 그런 좋은 제안을 선뜻 받아들이지 못했는지, 왜 내가 이 길을 가야하는지는 훗날 깨달았습니다. 그것은 닥터 조의 캄보디아를 향한 숨은 열정과 순수한 사랑 때문이었습니다. 그는 아무런 보수를 받지 않고 우리나라 사람들을 돕는데 캄보디아인인 내가 내 나라 사람 돕는 것이 당연하지 않은가 하는 것입니다.

난 함께 일하면서 그의 분명하고 단호한 지도력을 보았습니다. 나는 혼자 있을 때면 후일 나도 그처럼 훌륭한 지도력을 가질 수 있을까 스스로에게 묻곤 했습니다. 때로는 호되게 책망을 하고, 때로는 두 발을 동동 구르면서 큰소리로 야단을 치기도 합니다. 그러나 그것이 다 큰 사랑과 잘 하라고 하는 염려에서 나온 것이라는 것을 깨닫게 되었습니다.

2007년! 마침내 나는 그동안의 그의 가르침과 전도를 받아 믿음이 생겨 예수님을 나의 구주와 주님으로 받아들이고 세례를 받았습니다. 내

친구들과 나의 가족 친척들은 더 많은 돈을 다른 곳에서 받으면 부자가 될 수 있는데 왜 가난한 선교기관에서 일을 하면서 멍청한 짓을 하고 있느냐고 못마땅해 합니다. 그러나 이제 나를 부르신 주님 안에서 그분의 뜻은 분명합니다. 하나님께서 닥터 조를 나에게 인도하지 않으셨다면 나는 부자가 되었을지 몰라도 복음도 모르고 그리스도인이 되지도 못했을 것입니다.

마지막으로 기억나는 성경구절 한마디를 나누고 싶습니다.

"사람이 만일 천하를 얻고도 제 목숨을 잃으면 무엇이 유익하리요 사람이 무엇을 주고 제 목숨을 바꾸겠느냐"(마태복음 16:26)는 예수님의 말씀을 기억합니다.

하나님께서 닥터 조와 그 가족에게 큰 축복을 내려주시기를 기원합니다. 우리는 영원히 닥터 조와 그의 가족을 잊지 않고 기억할 것입니다. 감사합니다. 마까라 올림

이 작은 책은 작년 2019년, 김경수 선배(한미치과 의료선교회 회원/지금은 Global Dental Alliance로 바뀜)의 조언을 듣고 실천에 옮긴 결과물이다. "기억이 생생할 때 기록으로 남겨 후배들에게 도움을 주라"는 김 선배의 충고대로 캄보디아 의료 회고록을 쓴다. 겨자씨성경연구원 원장으로 계시는 김선웅 목사의 도움으로 2019년 3월 초부터 회고록을 쓰기 시작했다. 그러는 중에 5월부터 8월 말까지 에티오피아 의료선교 사역을 다녀왔다. 9월 1일에는 보름간에 거쳐 출애굽의 땅 이집트 여행도 다녀올 수 있었다. 그리고 해를 넘겨 올 2020년 4월에야 드디어 탈고를 할 수 있었다.

오 내가 사랑했던 캄보디아!

나는 과거 약 15년 동안의 사역을 회고하면서 만감이 교차하는 시간을 가졌다. 선교지에서 함께 사역하며 울고 웃었던 선교 동역자들, 그리운 의료팀 멤버들, 이동 진료를 하면서 만났던 수많은 캄보디아 사람들과 성도들, 그리고 우리 가정의 의료 선교를 위해서 기도와 물질로 헌신했던 수많은 하나님의 사람들을 어찌 내가 잊을 수 있겠는가? 이 모든 것이 주께서 베푸신 은혜인 것을 고백하지 않을 수 없다. 오늘이 있기까지

학교 교수들과 나누는 환송만찬

모든 의료 선교 여정을 지켜주시고 인도하시고 함께 해주신 주께 모든 영광을 올려드리며, 여기 한 권에 담은 작은 이야기들이 조기 은퇴를 하고 의료 선교를 계획하는 많은 후배들에게 조금이라도 유익이 되기를 바라는 마음 간절하다.

2020년 올해도 '하나님의 선교'(Missio Dei)는 계속될 것이다. 어떤 곳으로 어떻게 나를 인도하시고 사용하실지 기대가 된다. 모든 선교 사역의 주체는 여호와 하나님이심을 고백한다. "사람이 마음으로 자기의 길을 계획할지라도 그의 걸음을 인도하시는 이는 여호와시니라"(잠언 16:9)하는 잠언 기자의 말씀이 이제는 내 삶의 구심점이 되었다.

캄보디아를 향한 하늘 아버지의 마음이 오늘의 내 마음이고 종말의 교회들의 마음이어야 하겠다. 나는 오늘도 아버지께서 원하시는 지구촌의 흩어진 민족들을 향해서 달려간다. 쉬지 않고 기도한다. 우리 주님이 다

시 오시는 그날까지 나는 복음과 의술을 들고 지구촌의 치유와 회복을 위해 달려가리라. 오직 예수 그리스도의 십자가와 부활의 복음만이 이 땅의 소망인 것을 확신하면서 이 자그마한 책이 '세계선교의 새로운 태동을 꿈꾸는 믿음의 후진'들에게 조금이라도 도움이 되었으면 한다.

"오직 성령이 너희에게 임하시면 너희가 권능을 받고 예루살렘과 온 유대와 사마리아와 땅 끝까지 이르러 내 증인이 되리라."(사도행전 1:8)

"이것들을 증언하신 이가 이르시되 내가 진실로 속히 오리라 하시거늘 아멘 주 예수여 오시옵소서 주 예수의 은혜가 모든 자들에게 있을 지어다."(요한계시록 22:20-21)

캄보디아를 방문한 오렌지힐장로교회(모교회) 선교팀

부록 추천의 글

In early March 2004 I received an email from Dr. Frank Cho. At that time I was the team leader for a small group of missionaries serving with InnerCHANGE in Cambodia. In his email of just 272 words Dr. Frank explained that both he and his wife, Tina, had recently retired and felt called to serve in the mission field in Cambodia. Rarely have I received such a short email that would have such a large and long-lasting impact on our team, on the neighborhoods where innerCHANGE works, and on the poor and marginalized throughout Cambodia.

Dr. Frank's email kicked off our correspondence which led to the Chos joining InnerCHANGE, living among and serving the poor and marginalized in Cambodia. I was amazed by the story that unfolded, including dreams and visions given to the Chos, the Chos responding in faith with little certainty of where God was leading them, and God's love and compassion being poured through them onto many throughout this land.

And this impact continues today as the many, many people Tina and Dr. Frank touched during their time in Cambodia now extend their healing touch to others, whether in the local church, as dental workers, or as loving neighbors.

When I think about Dr. Frank and Tina four words come immediately to mind: listen, learn, laugh and love. Even though the Chos had a successful dental practice in the US along with all the comforts that one could hope for, Dr. Frank and Tina were listening for God's words—their marching orders—which they heard, tested, and obeyed. Their obedience is a moving example to inspire us all towards waiting upon the Lord and acting upon His word.

The Chos exemplified a learning posture throughout their time in Cambodia, diligently laboring to learn Cambodian language and culture to closely connect with their neighbors and dental colleagues, and more importantly to communicate His truths in powerful and appropriate ways. Perhaps even more stretching, at times, was fitting into a multicultural team of younger InnerCHANGE missionaries. Though the challenges of learning Cambodian culture and team culture were demanding, in a country that is very hot and lacking most amenities, Dr. Frank and Tina were always able to extend grace and demonstrate humor as they worked through difficulties. They gifted our team with great joy, laughter, and wisdom that comes with experience.

Finally, love. One cannot help but be inspired by 1 Corinthians 13. This entire chapter should be on the role description for every missionary, but especially verses 4-7:

Love is patient, love is kind. It does not envy, it does not boast, it is not proud. It does not dishonor others, it is not self-seeking, it is not easily angered, it keeps no record of wrongs. Love does not delight in evil but rejoices with the truth. It always protects, always trusts, always hopes, always perseveres.

Dr. Frank and Tina embody this for me, and I am a better servant because of being blessed with the opportunity to serve shoulder to shoulder with them, to listen with them, to learn and laugh with them, and to be impelled to greater acts of love for others through their example.

I hope this book inspires you to listen for your marching orders, to learn and laugh along the way, and to join with Dr. Frank's and Tina's example to love deeply those whom God puts in your path.

Grace and peace,

Mark Smith
Country Director, InnerCHANGE Cambodia

It was my pleasure to work with Dr Frank Cho during his 14 years in Cambodia. I was former Dean at the Faculty of Dentistry, International University for much of that time, and Frank became an important part of our Faculty, beginning in 2007. Frank taught mainly fixed and removable prosthodontics, but also some periodontics and endodontics. At that time we had very few dental specialists in Cambodia, and so Frank's knowledge and skills were greatly needed.

Frank was known as a strict teacher. Students who arrived late for class would miss the test he often gave as soon as the bell rang – and if he observed anyone cheating they would be immediately evicted from the class. At first this was a shock for students, but they soon realized that Frank wanted them to be the best they could be, and needed to learn discipline. He demanded high standards both in the classroom and in the clinic. It is a tribute to Frank that many of his top former students, following graduation, went on to do postgraduate study—some in Cambodia and some in Thailand. Those students are now among the leaders of dentistry in this country.

Outside the classroom, Frank offered the students additional help in the form of seminars and study clubs. Frank showed that he really cared for the students. He was not just interested in their academic success. He developed strong relationships with many students, got to know their individual situations, and supported their physical, mental and spiritual needs. Frank was also involved with prison outreach, involving dental students from two of the dental schools. Over the years he gained the love and respect of many generations of dental students.

During his final 3 years in Cambodia Frank entered the Master of Endodontics program with three of his former students. He worked hard and became part of a close-knit group who supported each other during their studies. Whenever I meet with these young dentists, they speak very highly of Frank. All three of them are Christian, thanks in large part to Frank's evangelism. On the day of their thesis defense at International University, it was uplifting to see Frank and the 3 Cambodian graduates joining together in a prayer of thanks in front of their teachers, friends, colleagues and students.

During his time in Cambodia I always saw Frank as a "man with a mission". A mission to help improve the quality of dental education in Cambodia, a mission to bring basic dental services to the poor, and a mission to share the good news.

Frank has made an important contribution to the people of Cambodia, and has impacted on the lives of many—especially young people. I thank God for Frank and Tina, and would like them to know that their legacy lives on within the people they have touched during their 14 years of service in Cambodia.

Dr. Callum Durward
Dean of University of Puthisastra
Faculty of Dentistry

As founding member of Global Dental Alliance (GDA), previously known as Korean American Christian Dental Missions (KACDM), Dr. Cho has been a leader, fellow worker, and a supporter of our organization for the last three decades. Other dental professionals in our group, myself included, have admired the way that Dr. Cho utilizes his dental profession as a tool to spread the gospel in remote places in the world.

Dr. Frank Cho and his wife, Tina, serve as a great example of what sacrifice and serving our Lord overseas looks like. They took an early retirement from their private practice in California to become full-time dental missionaries in Cambodia.

GDA has worked closely with Dr. Cho and many of our members have gone on short-term mission trips to Cambodia in corroboration with Dr. Cho. After the trips, our members always returned with positive reports and inspiring stories.

On behalf of GDA, I am excited for people to enjoy this beautiful compilation of Frank Cho's missionary journey, and I trust that many will be inspired by his stories.

Blessings,

John H. Kim, DDS
GDA President

We got to know Dr. Frank in Cambodia since year 2004. Over the years he and his wife, Tina, have become very dear friends to us. They care deeply for the people of Cambodia especially towards the poor and needy. When HIV kids were rejected by the other clinics for treatment, Dr. Frank welcomed them with open arms and gave them quality dental treatment without discrimination. He set up dental clinics in partnership with mission organisations to provide free dental treatment or at a minimal fee for those who are poor. Dr. Frank also helped to look for scholarships and personally gave some of his own money to support the tuition fees of a few needy dental students and trained them up personally so that they could be equipped as competent dentists.

Both he and Tina have a kingdom perspective: they seek to witness to non-Christian staff and students, have regular Bible studies with staff, organise dental missions to the poor and needy communities in the provinces, encouraged and shared his dental knowledge with the Cambodian Christian dentists that meet as a fellowship, and they also served in the International church in Phnom Penh.

Age is just a number for Dr. Frank. He studied for his Master's in Endodontics in a Cambodian university when he was over 70 years. This challenges us who are younger not to just sit back but to continue to be stretched in our minds and in our service. Dr. Frank never let age be the defining factor, even after "retiring" as a dentist in USA, he continued to serve for 13 years in Cambodia. Indeed Dr. Frank is like what the psalmist mentioned in Psalm 103:5, "He fulfills the desires of your heart so that your strength is renewed like the eagle's". Dr. Frank has left in indelible legacy in our hearts and in the hearts of many Cambodians.

Drs .Yew On & Chern Chern CHOO
OMF Missionaries in Cambodia

We have known Frank and Tina Cho since their arrival in Cambodia in 2004. As dentists and felllow missionaries in Cambodia, we had the opportunity to partner in ministry together. Frank and Tina demonstrated a wonderful servant attitude as they served Cambodians. They provided quality dental treatment to countless poor and many missionaries. Frank also trained and mentored many dental students. Frank welcomed me to serve alongside him at Mercy Medical dental clinic in the capital city and during some of his many mission trips to the provinces.

While serving, they unashamedly and lovingly shared the gospel message. The Chos have left a legacy of love that many Cambodians will remember

Kreg Mallow, DDS
Kreg and Jenny Mallow have served as missionaries
in Cambodia for 30 years with World Concern and OMF

오 나의 사랑 캄보디아

초판발행 | 2020년 8월 10일

지 은 이 | 조원제
판   권 | ⓒ겨자씨서원
발 행 인 | 위남량
편   집 | 김선웅
디 자 인 | 이중찬

펴 낸 곳 | 겨자씨서원
주   소 | 경기도 구리시 장자대로 37번길 70, 104동 204호
전   화 | 010-7657-7176
이 메 일 | mspkoreal@gmail.com

값 | 12,000원
ISBN | 979-11-964148-3-2 03230

Printed in Korea